"十三五"国家重点出版物出版规划项目

行为和实验经济学经典译丛

行为宏观经济学：
一个教程

[英] 保罗·德·格洛瓦（Paul De Grauwe） 著

贺京同 刘 倩 译
贺京同 校

Lectures on Behavioral

Macroeconomics

中国人民大学出版社
·北京·

行为和实验经济学经典译丛

编 委 会

总　序

　　经济学作为一门经世致用之学，从其诞生之日起，就与复杂的社会经济现实发生着持续的碰撞与融合，并不断实现着自我的内省与创新。尤其在进入 20 世纪后，经济学前期一百多年的发展，使得它此时已逐步具备了较为完整的逻辑体系和精湛的分析方法——一座宏伟而不失精妙的新古典经济学大厦灿然呈现于世人面前。这座美轮美奂的大厦，巧妙地构筑于经济理性与均衡分析两块假定基石之上，而经济学有赖于此，也正式步入了规范化的研究轨道，从而开创了它对现实世界进行解释与预测的新时代。

　　然而近几十年来，随着人类经济活动的日趋复杂与多样化，对经济世界认识的深化自然亦伴随其中，以新古典理论为核心的主流经济学正受到来自现实经济世界的各种冲击与挑战，并在对许多经济现象的分析上丧失了传统优势。这些"异象"的存在构成了对主流经济理论进行质疑的最初"标靶"。正是在这样的背景下，行为经济学应运而生，这也许是过去二十年内经济学领域最有意义的创新之一。

　　什么是行为经济学？人们往往喜欢从事物发展的本

源来对其进行定义。行为经济学最初的产生动机是为了满足解释异象的目的，即从心理学中借用若干成熟结论和概念来增强经济理论的解释力。因而一种流行的观点认为，与主流经济学相比，行为经济学不过是在经济学中引入心理学基本原理后的边缘学科或分支流派。然而，行为经济学近年来的一系列进展似乎正在昭示它与心理学的关系并不像人们初始所理解的那样。如果把它简单地定位为区别于主流理论的所谓"心理学的经济学"，则与它内在的深刻变化不相对应。为了能够对它与主流经济学的关系做出科学准确的判断，首先必须了解它是如何解决主流经济学所无法解答的问题的。

主流经济理论丧失优势的原因在于，它所基于的理性选择假定暗示着决策个体或群体具有行为的同质性（homogeneity）。这种假定由于忽略了真实世界普遍存在的事物之间的差异特征和不同条件下认识的差异性，导致了主流理论的适用性大打折扣，这也是它不能将"异象"纳入解释范围的根本原因。为了解决这个根本性的问题，行为经济学在历经二十多年的发展后，已逐渐明晰了它对主流经济学进行解构与重组的基本方向，那就是把个体行为的异质性（heterogeneity）纳入经济学的分析框架，并将理性假定下个体行为的同质性作为异质性行为的一种特例情形，从而在不失主流经济学基本分析范式的前提下，增强其对新问题和新现象的解释与预测能力。那么，行为经济学究竟是怎样定义行为的异质性的？根据凯莫勒（Colin F. Camerer）2006 年发表于《科学》杂志上的一篇文章中的观点，我们认为，行为经济学通过长期的探索，已经逐渐把行为的异质性浓缩为两个基本假定：其一，认为个体是有限理性（bounded rationality）的；其二，认为个体不完全是利己主义（self-regarding）的，还具有一定的利他主义（other-regarding）。前者是指，个体可能无法对外部事件与他人行为形成完全正确的信念，或可能无法做出与信念相一致的正确选择，而这将导致不同的个体或群体会形成异质的外部信念和行动，后者是指，个体在一定程度上会对他人的行为与行为结果进行评估，这意味着不同的个体或群体会对他人行为产生异质的价值判断。在这两个基本假定下，异质性行为可较好地被融入经济分析体系之中。但是，任何基本假定都不可能是无本之木，它必须具有一定的客观理论支持，而心理学恰恰为行为经济学实现其异质性行为分析提供了这种理论跳板。这里还要说明一点，心理学的成果是揭示异质经济行为较为成熟的理论与工具，但不是唯一的，我们也注意到神经科学、生态学等对经济学的渗透。

经济学家对行为心理的关注由来已久，早在斯密时代，就已注意到了人类心理在经济学研究中的重要性。在其《道德情操论》中，斯密描述了个体行为的心理学渊源，并且展示了对人类心理学的深刻思考。然而，其后的经济学研究虽然也宣称其理论对心理学存在依赖关系，但其对心理学原则的遵从却逐渐浓缩为抽象的经济理性，这就把所有个体都看成了具有同质心理特征的研究对象。而实际上心理学对人类异质心理的研究成果却更应是对经济行为异质性的良好佐证。因此，我们所看

译者序

　　本书是世界上第一本也是到目前为止唯一一本行为宏观经济学教程。

　　行为经济学是对经典经济学的继承与发展，是现代主流经济学的前沿，其理所当然地要涵盖经济学理论的全部领域，即微观经济学、宏观经济学、博弈理论等。本书即属于行为经济学的宏观部分。

　　从凯恩斯 1936 年《就业、利息和货币通论》的发表算起，现代宏观经济学理论已形成了许多学派[①]，具代表性的主要有凯恩斯主义学派、货币主义学派、新兴古典学派、供给学派、实际经济周期学派、结构主义学派以及新凯恩斯学派。这些理论学派虽然各有千秋，但其共同之处都是信奉完全理性、完全信息的行为人假设，而在解释与预测时同样饱受频发"异象"的诟病。宏观经济学的完全理性前提假设早就招到了人们的质疑，但出于其理论的根深蒂固和有限理性建模的艰辛，宏观经济学一直没有革命性进展。然而，2007—2008

　　[①] 参见埃德蒙·S·菲尔普斯（Edmund S. Phelps）：《宏观经济学思想七学派》，北京，机械工业出版社，2015。

年美国次贷市场崩溃带来的金融与经济的剧烈波动再一次重创了基于完全理性行为人假设的经济理论体系；与此同时，行为微观经济学也得到了长足的发展（以 2002 年丹尼尔·卡尼曼（Daniel Kahneman）由于在行为经济学方面的贡献获得诺贝尔经济学奖为标志），这就给行为宏观经济学的完善创造了内在条件和外在的需求。

本书就是在此背景下由伦敦政治经济学院的国际经济学教授保罗·德·格洛瓦（Paul De Grauwe）撰著的。作者通过植入认知局限于宏观经济系统来构建一个宏观经济学动态更为丰富的模型；与主流宏观经济学模型相比，它所提供的结果更加接近于观测到的产出与通货膨胀的动态。在该模型的基础上，作者发展出一套经济周期理论，并将其与从主流理性预期的宏观经济学模型获得的经济周期理论进行对比。实证结果表明行为宏观经济学模型既具有内生波动性，又能给出相较于传统主流模型更加接近于实际产出和通胀的动态值。

本书理论与实证紧密结合，突出了学科的前沿性，适合于用做高年级研究生相关课程的教材或教参，亦可作为宏观经济研究者的理论参考。

本书由我和我的学生刘倩博士（现为国际关系学院国际经济系教师）翻译，最后由我进行了全面审校。

在翻译出版的过程中，我们得到了中国人民大学出版社的大力支持与帮助，在此表示由衷的谢意。

本书的翻译得到了国家社科基金重大项目"经济稳定增长前提下优化投资与消费动态关系研究"（项目批准号：12&ZD088）的支持，故本书亦属该项目的阶段性成果；本书的翻译还得到了中国特色社会主义经济建设协同创新中心的支持，在此一并表示感谢。

贺京同

2015 年 12 月 15 日于南开园

前　言

　　在 2007 年金融危机爆发之前，宏观经济学似乎已经达到了科学上的成功的顶峰。那时产业界正在经历一段宏观经济稳定的时期，在这个时期中，通货膨胀的水平低且稳定，经济持续快速增长，并且许多经济和金融变量的波动性都较低。经济学家们讨论了这个"大稳定"的形成原因，并且达成了一个广泛的共识：至少这个"大稳定"可以部分归因于现代宏观经济学理论所提供的新视角。这一视角植根于理性行为人假设，即理性的行为人使用所有可以获得的信息来持续地最大化其效用。在这个世界中，个体行为人不会犯系统性错误，并拥有稳定的统治能力。当然，我们必须承认，宏观经济变量受大变动的支配，而这些变动的源泉通常位于理性行为人的世界之外。如果只考虑理性行为人的世界，那么在有效市场的帮助下，现代宏观经济学理论能够产生极好的稳定结果。当前宏观经济学的建模是基于一个理性的世界的，但遗憾的是，它常常受到外部扰动。

　　不夸张地说，美国次贷市场的崩溃所带来的金融与经济剧变渐渐破坏了由完全理性、具备完全信息的行为人所创造的田园诗一般的景象。这些剧变也同样证明了一些学者所强调的观点：宏观经济学必须考虑对理性的背离，尤其是对理性预期假设的背离。

当然，在偏离理性预期的路径中进行建模是存在风险的。完全理性、完全信息行为人范式的支持者告诉我们，关于对理性的违背，存在上百万种不同的方式。因此，一旦我们进入非理性的世界，就几乎没有希望得到任何有意义的结论。这一论断是非常有力的。对于任何偏离完全理性、完全信息行为人范式的尝试，我们习惯于去怀疑它们。这样做的结果是，许多偏离主流宏观经济学的学者因此而感到心灰意冷。

"当我们进入非理性的疆域时，一切事情皆变得有可能了"这一观点的问题是，只有理性行为人的所作所为才有可能被公式化。这就是现存于主流宏观经济学模型中的公式化。我的论点是：人们能够背离特定理性的公式化，也不必徘徊于非理性的黑暗中。

我的目的是说明，一旦我们接受了个体拥有认知局限而因此不能理解充满复杂性的世界这一观点（而主流宏观经济学模型中通常假设人们能够理解充满复杂性的世界），就有可能发展出基于一个不同理性观点的模型。我还旨在说明将认知局限观点引入宏观经济模型会导致一个宏观经济学动态更为丰富的模型，与主流宏观经济学模型相比，它所提供的结果更加接近于观测到的产出与通货膨胀的动态。

我通过说明植入行为人认知局限的观点的基础行为宏观经济学模型开始了整本书的叙述。更进一步地，我使用该模型发展出了一个经济周期理论，并将它与从主流理性预期的宏观经济学模型获得的经济周期理论进行了对比。在第2章，我分析了外生冲击在一个行为模型中的传递。这随之引起了行为模型中的货币政策分析（第3、4章）。紧随其后的两章讨论了对基本模型的扩展。一个扩展是在模型中引入资产市场（第5章）；另一个扩展是比基础模型植入更多的预测法则（第6章）。最终，在第7章，我讨论了一些有关"当面对数据时行为模型理论预测的效果"的实证问题。

很显然，本书并不是具有完全确定性的。正如读者们将会发现的那样，在接下来的大多数材料中，都存在不精准的结论或未解决的问题。我旨在探索思考宏观经济学的新方法，不受主流思维束缚的方法——在我看来，新方法已经证明了在了解真实世界中产出和通货膨胀波动的原因方面，主流思维是毫无助益的。

本书的许多观点是我在讨论会和其他场合中从与同事们的争论中获得的。我要感谢尤努斯·埃克森（Yunus Aksoy）、托尼·阿特金森（Tony Atkinson）、威廉姆·布兰茨（William Branch）、卡尔·基亚雷拉（Carl Chiarella）、多门科里·甘地（Domenicodelli Gatti）、史蒂芬·菲尔（Stephan Fahr）、丹尼尔·格罗斯（Daniel Gros）、理查德·哈里斯（Richard Harrison）、提莫·亨格尔（Timo Henckel）、卡尔斯·霍梅斯（Cars Hommes）、罗曼·霍萨（Romain Houssa）、歌哈德·艾尔林（Gerhard lling）、蒙德卡洛斯·库兹（Mordecai Kurz）、帕博·洛维拉·卡尔维瑟（Pablo Rovira Kaltwasser）、克里斯汀·科斯尼（Christian Keus-chnigg）、阿兰·基尔曼（Alan Kirman）、乔凡尼·隆巴顿（Giovanni Lombardo）、拉斯·杨奎斯特（Lars Ljungqvist）、帕特里克·明福特（Patrick Minford）、约翰·米尔鲍尔（John Muellbauer）、爱巴斯·佩林（Ilbas Pelin）、布鲁斯·普勒斯顿（Bruce Preston）、弗兰克·斯麦茨（Frank Smets）、罗伯特·索洛（Robert Solow）、利奥伯特·凡·泰德（Leopold von Thadden）、戴维·瓦因斯（David Vines）、麦克·威肯斯（Mike Wickens）、托尼·耶特茨（Tony Yates）以及三个匿名审稿人。

目 录

第1章　行为宏观经济学模型

1.1　引言

　　资本主义的特征表现为繁荣和萧条（booms and busts），在经济增长过程中，产出的迅猛增长期之后往往跟随着衰落期。每种宏观经济学理论都力图解释一些特有的经济周期（business cycle）运动。

　　在建立行为模型之前，我们首先对与产出的周期性运动有关的一些程式化（stylized）事实进行介绍，这对未来的分析是十分有帮助的。图1—1中清楚地表明，美国自1960年以来产出缺口（output gap）存在剧烈的周期性波动。这些周期性波动意味着产出缺口存在很强的自相关性，也就是说，t期的产出缺口与$t-1$期的产出缺口有很强的相关性。这直观地说明，如果周期性波动是存在的，那么我们将能观察到一连串的繁荣与萧条时期（good and bad times）。正（负）的产出缺口之后的下一个时期可能会跟随着正（负）的产出缺口。我们从美国1960—2009年的产出缺口中可以发现其自相关系数为0.94。类似的自相关系数也可以在别的国家中被找到。

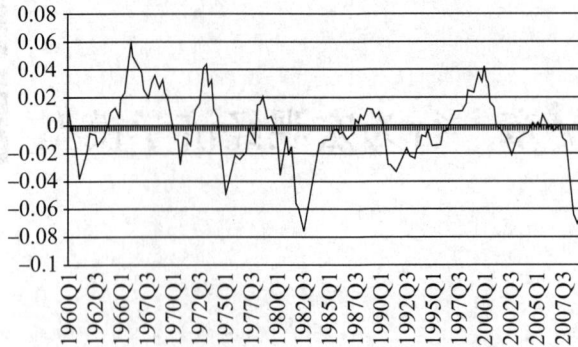

图1—1 美国1960—2009年的产出缺口

资料来源：美国商业与国会预算办公室。

第二个与产出缺口的波动有关的程式化事实是，产出缺口的波动并不服从正态分布（见图1—2）。首先，我们发现，在美国产出缺口数据的频率分布中存在超峰度（excess kurtosis）（峰度为3.62），这意味着该分布在均值附近的观测值太集中以至于不服从正态分布。其次，我们发现该频率分布中也存在厚尾（fat tails）特征，也就是说，产出缺口的波动远大于与正态分布匹配的波动。这意味着美国经济周期波动的特征在于：平静的周期被产出的巨大正负波动——繁荣和萧条——所打破。产出缺口的波动不服从正态分布的事实也表明，如果我们在正态分布的基础上进行预测，那么我们将会低估在任一时期中产出缺口可能发生的大幅增大或大幅减小的概率。最终，J-B检验（Jarque-Bera test）（检验值为7.17，对应P值为0.027)正式拒绝了"美国产出缺口序列的波动服从正态分布"的假设。

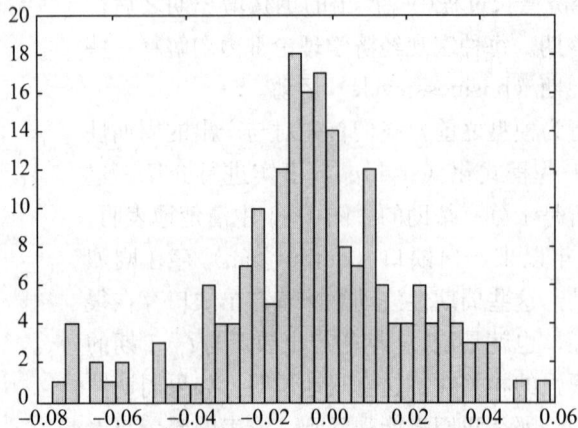

图1—2 美国产出缺口（1960—2009年）的频率分布

资料来源：美国商业与国会预算办公室。

在其他 OECD 国家，学者们也发现了相同的经验特征（Fagiolo et al.，2008，2009）。这些学者还证实了在大部分的 OECD 国家，产出增长率是服从非正态分布的，其分布的厚尾特征比正态分布显著。在阐述实证问题的第 8 章中，本书则提供了更多的其他工业化国家的证据，这些证据所说明的经验规律与在美国观察到的证据相一致。

本章的目标之一是对经济周期波动中这种繁荣和萧条的特征进行解释。我们同样还希望对行为宏观经济学模型与主流宏观经济学模型（以理性预期为基础）所做出的不同解释进行对比。

1.2　模型

我将引用一个标准的宏观经济学模型，该模型的基本框架与嘉里（Galí，2008）所描述的主流新凯恩斯模型的基本框架相同。首先，我将对主流模型进行描述。其次，我将介绍行为假设——在该假设的基础上，我们进一步构建了行为人进行预测的方法。

该模型由总需求方程、总供给方程和泰勒规则（Taylor rule）组成。

总需求方程的标准表达式如下：

$$y_t = a_1 \tilde{E}_t\, y_{t+1} + (1-a_1)\, y_{t-1} + a_2(r_t - \tilde{E}_t\, \pi_{t+1}) + \varepsilon_t \qquad (1\text{—}1)$$

其中，y_t 为 t 期的产出缺口，r_t 为名义利率，π_t 为通货膨胀率，ε_t 是白噪声干扰项。$\tilde{E}_t$ 为预期算子，其波浪号表示的是预期的形成机制并不是主流经济学中用到的理性预期假设。这一过程我们将在随后进行详细阐述。在这里，我遵循新凯恩斯宏观经济学模型中所介绍的过程，即在需求方程中加入一阶滞后产出（Galí，2008；Woodford，2003）。通常，经济学家们通过借助习惯形成假设来对产出进行调整。因为我们的目的是对比行为模型和新凯恩斯理性预期模型，所以我在此处维持了该做法。然而，稍后我将说明，使用这一惯性依赖（inertia-building）策略手段去产生内生变量中的惯性是完全没有必要的。

关于总需求方程，我们可以给出一个非常简单的解释：对于一个效用最大化的行为人来说，在其预期未来收入（产出缺口）将增加的情况下，他将花费更多在当前的商品和服务上，并且在真实利率上升的情况下，他将花费更少。

总供给方程是从个体生产者的利润最大化过程中得出的（Galí，2008）。此外，它还假设生产者无法立即调整他们的价格，反而，出于制度的原因，生产者在调整价格时必须有所等待。在对该价格调整机制的具体说明中，最为流行的当属卡尔沃价格形成机制（Calvo pricing mechanism）（Calvo，1983；McCallum，2005）。该机制假设，在 t 期，一部分生产者所制定的价格是保持不变的。在这些条件下，总供给方程（通常将其称为新凯恩斯的菲利普斯曲线（Philips curve））可表示如下：

$$\pi_t = b_1 \widetilde{E}_t \pi_{t+1} + (1-b_1)\pi_{t-1} + b_2 y_t + \eta_t \qquad (1—2)$$

在给定名义利率的前提下，上述两个等式决定了两个内生变量——通常膨胀和产出缺口。只有确定决定名义利率的方式，该模型才能闭合。这样做的最为流行的事例是借助泰勒规则（Taylor，1993）对中央银行的行为进行描述。通常将其表示如下：

$$r_t = c_1(\pi_t - \pi^*) + c_2 y_t + c_3 r_{t-1} + u_t \qquad (1—3)$$

其中，π^* 为通货膨胀目标。因此，我们假设，当所观测到的通货膨胀率相对于所宣布的通货膨胀目标上升时，中央银行将提高利率。而中央银行这样做的强度是由系数 c_1 来衡量的。相似地，我们假设，当产出缺口增大时，中央银行将提高利率，而它这样做的强度则是由系数 c_2 来衡量的。后一个系数告诉我们关于中央银行在达到稳定产出的目标时的一些信息。若中央银行完全不关心产出的稳定性，则令 $c_2 = 0$。我们说，该中央银行此时适用的是严格的通货膨胀目标。最后，值得注意的是，正如我们通常的做法一样，假设中央银行会平滑利率。这一平滑行为则由式（1—3）中的滞后利率项表示。

参数 c_1 很重要，已经有学者证明（Woodford，2003；Galí，2008），只有在 c_1 大于 1 时该模型才能稳定。有时，我们也将其称为"泰勒原则"（Taylor principle）。

在理想情况下，若要对泰勒规则进行系统性的阐述，则在式（1—3）中应当使用前瞻性的通货膨胀变量，也就是说，中央银行将其利率的设定建立在其对通货膨胀率的预测的基础上。但是，为了维持模型的简单性，此处没有这样做（Woodford，2003）。[①]

在这里，还应提及另一种描述中央银行的货币政策的方法，该方法从损失函数的最小化开始，并从该最小化过程中得出中央银行的最优反应（Woodford，2003）。但是，本书并没有这样去尝试。

我们还在三个等式中的每一个中都加入了误差项。这些误差项描述了可能对经济造成影响的不同冲击的性质。其中有需求冲击 ε_t、供给冲击 η_t 和利率冲击 u_t。一般情况下，我们假设这些冲击服从均值为零且标准差为常数的正态分布。我们假设，具有理性预期的行为人知道这些冲击的分布，这是一个关键的假设。

在理性预期的条件下，我们可将由式（1—1）—式（1—3）组成的模型求解出来。我们将在 1.9 节进行这一工作。我将这一带有理性预期的新凯恩斯模型称为主流模型，并将其与我们的行为模型进行对比。我也将偶尔参考一下具有相同特征

---

① 如伍德福德（Woodford，2003）所认为的，即便满足了泰勒原则，前瞻性的泰勒规则可能仍无法得到确定的解决方法。

（即与理性预期相匹配的新凯恩斯理论中的工资和价格的刚性）的 DSGE 模型，即动态随机一般均衡模型（dynamic stochastic general equilibrium model）。在接下来的部分中，我还对一个假设进行了详细阐述，该假设构成了行为模型中对产出和通货膨胀的预测的基础。

1.3　在预测产出中引入直觉推断（heuristics）

在理性预期（这构成了主流模型的基础）的世界中，通常假设行为人理解世界的复杂性。相反地，我们认为行为人存在认知局限（cognitive limitation），即行为人仅能理解世界的极小一部分。在这样一个世界中，行为人可能用简单的规则和直觉来对未来进行预测（Damasio，2003；Kahneman，2002；Camerer et al.，2005）。本章中，我们将假设一个简单的直觉推断。在随后的章节中（第 5 章），则会介绍其他的直觉推断。通过引入其他的直觉推断，我们将研究直觉推断中的复杂性会如何影响研究结果。

那些使用简单行为规则的行为人并不愚蠢。他们之所以使用简单的规则，仅仅是因为真实的世界太复杂以至于不能让人们完全理解。但是他们愿意从他们的错误中学习，也就是说，在通常情况下，他们所使用的规则不会与特定的成功准则相矛盾。萨金特（Sargent，1993）、伊万斯和霍卡费加（Evans and Honkapohja，2001）已经做了相关的前期研究。这些研究假设行为人像计量经济学家一样学习。行为人首先估计一个回归方程，该回归方程通过众多的外生变量来解释需要预测的变量。他们随后用该方程对未来进行预测。当行为人能得到新数据时，就可以对该方程进行重新估计了。因此，在能得到新信息的每一段时期，预测规则都可得到更新。这一统计学习（statistical learning）方面的文献给我们带来了重要的新领悟（Bullard and Mitra，2002；Gaspar et al.，2006；Orphanides and Williams，2004；Milani，2007a；Branch and Evans，2011）。然而，该方法也将大量的认知技巧强加于个体行为人身上了，而这些技巧他们可能有也可能没有。[1] 在本书中，我将使用另一种学习策略——所谓的试错学习（trial-and-error learning）——作为替代。这也常常被称为自适应学习（adaptive learning）。我将这两个称谓视为是同义的。

自适应学习是这样一种程序：行为人使用简单的预测规则，然后让这些规则接受适应度（fitness）的检验。也就是说，行为人内生地选择在过去有着最高适应度的预测规则。因此，行为人会使用某一特定的规则。通常情况下，他将通过对比其他规则来对该规则进行评价。如果前一规则表现好，则他会继续使用。如若不然，

---

① 参见吉仁泽和托德（Gigerenzer and Todd，1999）的书。该书认为，个体行为人在应用统计学习的技术时会遇到很大的困难。与统计（回归）学习相对比，应用简单的直觉推断则能产生引人入胜的分析。

他将转向使用另一规则。从这个意义上讲，这便可称为试错规则（trial-and-error rules）。

这种试错选择机制与基于那种可接受的规则的惩罚策略（disciplining device）一样，并不是每个规则都是可接受的，只有表现良好的规则才可以。随后我们还会对它的含义进行清楚的解释。有这样一种惩罚策略是很重要的，否则一切事情将变得不可能。对预测规则进行惩罚是有必要的。通过施加条件——预测应当与潜在的模型相一致，模型构造者严格地限制了行为人可以用来进行预测的规则。这里使用的自适应性选择机制（adaptive selection mechanism）起到了类似的惩罚作用。

使用试错规则还有另一种重要的含义，这种含义与理性预期预测规则形成鲜明的对比。理性预期意味着行为人能够理解潜在模型的复杂结构。在理性预期的假设下，因为仅存在一个潜在的模型，即仅存在一个"事实"（truth），所以行为人能够理解相同的"事实"。因此，行为人都能精确地做出相同的预测。这使得理性预期模型的构造者能够将注意力只集中在一个"代表性行为人"身上。在我们的行为模型中将使用自适应性学习机制（adaptive learning mechanism），由于行为人可以使用不同的预测规则，所以这种只将注意力集中在一个"代表性行为人"身上的研究方式是不可能出现的。因此，在行为人之间存在异质性（heterogeneity）。这也是模型的一个重要特征，正如我们看到的那样，因为异质性创造了行为人之间的交互作用（interaction）。这种交互作用保证了行为人之间的互相影响，导致了偏离理性预期模型的动态。

我们假设行为人使用简单的规则（直觉推断）去预测产量与通货膨胀。现在，我们将要介绍直觉推断这种方法。我们假设该预测规则有两种类型：第一种可以被称为基础分析的（fundamentalist）规则，行为人估计产出缺口（通常为0）的稳态值，并用其预测未来的产出缺口。（在第7章的扩展中，将会假设行为人不知道稳态时的产出缺口，并且只能用偏好的方法估计它）。第二种可以被称为外推的（extrapolative）规则，这种方法无须预先假定行为人知道稳态时的产出缺口，即行为人对此一无所知。相反地，行为人从先前观察到的产出缺口中外推出未来的产出缺口。

以上两种规则可以由以下公式详细说明。

（1）基础分析的规则定义为

$$\widetilde{E}_t^f \, y_{t+1} = 0 \qquad\qquad\qquad (1\text{—}4)$$

（2）外推的规则定义为

$$\widetilde{E}_t^e \, y_{t+1} = y_{t-1} \qquad\qquad\qquad (1\text{—}5)$$

这种简单的直觉推断类型通常被用于关于行为金融的文献中，在这些文献中行为人被假定为使用基础分析与图表分析的规则（Brock and Hommes，1997；Branch and Evans，2006；De Grauwe and Grimaldi，2006）。从行为人只需要使用他们所理解的信息而不要求行为人理解整个蓝图的意义上来说，这些规则十分简单。从普法加瓦与萨克杰（Pfajfar and Zakelj，2009）的论文中可以找到一些实验证据来支持式（1—4）与式（1—5）所示的两个规则在新凯恩斯模型中对通货膨胀的预测。

因此，对于式（1—4）与式（1—5）所示的直觉推断的具体说明，不能被解释为对行为人如何进行预测的现实再现。但它是一个关于世界的、过于简洁的再现，在该世界中，行为人并不了解"事实"（即潜在的模型）。这些简单规则并不意味着行为人是沉默的，也不意味着他们不希望从错误中学习。我将会在本节随后的部分中详细说明一个学习机制——行为人持续地通过从一种规则向其他规则转变尝试纠正自己的错误。

市场预测是由这两个预测的加权平均得到的[1]：

$$\widetilde{E}_t\, y_{t+1} = \alpha_{f,t}\, \widetilde{E}_t^f\, y_{t+1} + \alpha_{e,t}\, \widetilde{E}_t^f \tag{1—6}$$

$$\widetilde{E}_t\, y_{t+1} = \alpha_{f,t}\, 0 + \alpha_{e,t}\, y_{t-1} \tag{1—7}$$

$$\alpha_{f,t} + \alpha_{e,t} = 1 \tag{1—8}$$

其中，$\alpha_{f,t}$ 和 $\alpha_{e,t}$ 分别是行为人使用基础分析的规则与外推的规则的概率。

这里就出现了一个方法论问题。这里介绍的预测规则（直觉推断）并不是源自微观层面也不是源自宏观层面。相反地，它们利用的是事后的（ex post）供给与需求方程。伊万斯与宏卡波西亚（Evans and Honkapohia，2001）在关于学习的文献中也率先提到了这一点。理想化地说，在行为人经历认知问题的环境下，人们愿意看到直觉推断所起源的微观层面。但是，在关于如何在微观层面对这种行为建模以及如何加总等方面，我们的知识是非常粗浅的。心理学家与神经科学家努力地去了解我们的大脑是如何处理信息的。在行为人具有认知局限的世界中，我们对信息处理的微观基础建立了许多模型，但这些模型还没有一个被人们普遍接受。我并没有尝试过这样做。[2] 在本章附录1中，我们将回到一些与宏观经济学模型的微观基础有关的问题上去。

正如前文所表明的，我们模型中的行为人并不愚蠢。他们愿意去学习，也就是说，他们会持续地评价自己的预测。这种学习的意愿与改变行为的意愿构成了理性行为的基础。因而我们模型中的行为人是理性的，但这种"理性"并不是从他们拥有理性预期的意义上来说的。我们在这里不使用这个假设，因为这是一个关于个体理解世界的能力的、令人难以置信的假设。相反，我们说行为人是理性的是从他们能够在错误中学习的意义上来说的。有限理性（bounded rationality）的概念通常

---

① 式（1—6）可能存在错误，应为 $\hat{E}_t\, y_{t+1} = \alpha_{f,t}\, \widetilde{E}_t^f\, y_{t+1} + \alpha_{e,t}\, \widetilde{E}_t^e\, y_{t+1}$。——译者

② 在行为人面对认知局限的情况下，存在一些提供微观基础的尝试（Kirman，1992；Delli Gatti et al.，2005；Branch and Evans，2011；Branch and McGough，2008）。

用于描述这种行为。

那么，分析的第一步在于定义成功的标准。该标准是一种特定规则的预测表现。因而在分析的第一步中，行为人用如下方法计算两种不同的预测规则的预测表现：

$$U_{\mathrm{f},t} = -\sum_{k=0}^{\infty} \omega_k \left[y_{t-k-1} - \widetilde{E}_{\mathrm{f},t-k-2}\, y_{t-k-1} \right]^2 \tag{1—9}$$

$$U_{\mathrm{e},t} = -\sum_{k=0}^{\infty} \omega_k \left[y_{t-k-1} - \widetilde{E}_{\mathrm{e},t-k-2}\, y_{t-k-1} \right]^2 \tag{1—10}$$

其中，$U_{\mathrm{f},t}$ 与 $U_{\mathrm{e},t}$ 分别是基础分析的规则与外推的规则下的预测表现（效用），我们将它们定义为预测规则下预测误差平方的均值（MSFEs）。ω_k 是几何递减的权重，我们之所以令这些权重递减是因为我们假定行为人有遗忘的倾向。换一种说法，相比于最近所犯的错误，行为人对较长时间前的错误给予较小的权重。遗忘的程度将会在我们的模型中起到重要作用。

下一步在于计算这些预测表现（效用），我将使用离散选择理论（discrete choice theory）来详细说明行为人在计算过程中所遵循的步骤（参见 Anderson 等（1992）的关于离散选择理论的严密分析，以及 Brock 和 Hommes（1997）在金融领域的首次应用）。如果行为人是纯理性的，那么他们将仅仅比较式（1—9）与式（1—10）中的 $U_{\mathrm{f},t}$ 与 $U_{\mathrm{e},t}$，并选择值较高的那种规则。因而在纯理性的条件下，如果 $U_{\mathrm{f},t} > U_{\mathrm{e},t}$，则行为人将会选择基础分析的规则，反之亦然。但是，事情并不是这样简单的。心理学家已经发现，当我们在两个选项中做出选择时，我们也会受到自身心理状态的影响。而心理状态在很大程度上是不可预测的，心理状态可以被很多事件影响，诸如天气、近期情绪等。一种可以使之形式化的方法是令两个选项的效用函数中包含一个确定性成分（即式（1—9）与式（1—10）中的 $U_{\mathrm{f},t}$ 与 $U_{\mathrm{e},t}$）与一个随机成分（即 $\varepsilon_{\mathrm{f},t}$ 与 $\varepsilon_{\mathrm{e},t}$）。此时选择基础分析的规则的概率可以表示为

$$\alpha_{\mathrm{f},t} = P \left[U_{\mathrm{f},t} + \varepsilon_{\mathrm{f},t} > U_{\mathrm{e},t} + \varepsilon_{\mathrm{e},t} \right] \tag{1—11}$$

也就是说，式（1—11）表明选择基础分析的规则的概率等于使用基础分析的规则的随机效用大于使用外推的规则的随机效用的概率。为了得到一个更精确的表达式，我们应当详细说明随机变量 $\varepsilon_{\mathrm{f},t}$ 与 $\varepsilon_{\mathrm{e},t}$ 的分布。在关于离散选择的文献中，我们习惯性地假设这些随机变量服从 logistically 分布（Anderson et al., 1992, p. 35）。我们可以得到选择基础分析的规则的概率，表达式如下：

$$\alpha_{\mathrm{f},t} = \frac{\exp(\gamma\, U_{\mathrm{f},t})}{\exp(\gamma\, U_{\mathrm{f},t}) + \exp(\gamma\, U_{\mathrm{e},t})} \tag{1—12}$$

相似地，行为人使用外推的规则的概率为

$$\alpha_{\mathrm{e},t} = \frac{\exp(\gamma\, U_{\mathrm{e},t})}{\exp(\gamma\, U_{\mathrm{f},t}) + \exp(\gamma\, U_{\mathrm{e},t})} = 1 - \alpha_{\mathrm{f},t} \tag{1—13}$$

式（1—12）说明，由于相对于外推的规则而言基础分析的规则过去的预测表现较好，因此行为人更有可能选择基础分析的规则进行对产出缺口的预测。对式（1—13）的解释也是相似的。参数 γ 衡量选择强度（intensity of choice）。它与随机组成部分 $\varepsilon_{f,t}$ 与 $\varepsilon_{e,t}$ 相关，如果其值很大，则 γ 接近于 0。这种情况下，行为人通过掷硬币的方法选择基础分析的规则或外推的规则，并且选择基础分析（或外推）的规则的概率正好为 0.5。当 $\gamma = \infty$ 时，随机组成部分变量的值为零（效用是完全确定的），并且使用基础分析的规则的概率不是 0 就是 1。参数 γ 也可以被解释为表达了人们从过去的表现中学习的意愿。当 $\gamma = 0$ 时意愿为 0，并且意愿随着 γ 的增大而增强。

在这里值得注意的是，概率 $\alpha_{f,t}$ 与 $\alpha_{e,t}$ 也可以被解释为分别使用基础分析的规则与外推的规则的行为人的比例。我们可以做如下理解。假设行为人的数量为 N，如果一个行为人使用基础分析的规则的概率为 $\alpha_{f,t}$，那么平均而言就会有 $\alpha_{f,t}N$ 个行为人使用这一规则。因而使用该规则的行为人的比例为 $\alpha_{f,t}N/N = \alpha_{f,t}$。这对于 $\alpha_{e,t}$ 也同样成立。这些比例由式（1—12）与式（1—13）决定，并且是时间依赖的。这也说明了模型的一个重要特征，即信念是异质的，且它们的性质会随时间的变化而改变。

还应当注意的是，在这种行为规则可被接受的模型中，该选择机制便是引入模型的惩罚策略。只有那些通过适应度检验（fitness test）的规则才能在适当的位置仍继续存在，其他选择则被剔除。与惩罚策略隐含在理性预期模型中（这意味着行为人拥有较高的认知能力）相反，我们没有必要在此做出这样的假设。

正如之前所争论的，选择机制可以被理解为以试错为基础的学习机制。当观察到所使用的规则的表现劣于另一个规则时，行为人会愿意转向表现更好的规则。换一种说法，行为人通过持续地从过去的错误中学习并且改变他们的行为来避免犯系统性错误。这也保证市场预测是无偏的。 *10*

这一驱动规则选择的机制将一个自组织动态引入到了模型中。这里的动态是超越了模型中任何一个个体的理解能力的。从这一意义上来说，这是一个自下而上的（bottom-up）系统。它与主流的宏观经济学模型相反，在主流宏观经济学模型中假设行为人可以对全局有一个理解，这些行为人不仅能理解全局，而且还能利用全局信息做出最优行为。

最后，值得一提的是，本节关于预测规则的选择是根据一个标准的强化学习模型做出的（Sutton and Barto，1998）。还有许多实验证据支持这一强化学习模型（Duffy，2007）。

1.4　直觉推断与预测通货膨胀中的选择机制

行为人还必须预测通货膨胀。与预测产出缺口的情况一样，我们用了一个类似的直觉推断，其中也包括一个所谓的基础分析的规则与一个外推的规则（参见Brazier 等（2008）中的相似构建）。我们假设在一个制度的构建中，中央银行公开宣布了一个明确的通货膨胀目标。基础分析的规则是以这一公开宣布的通货膨胀目标为基础的，也就是说，使用该规则的行为人对其可信性很有信心，并且使用它去预测通货膨胀。而不相信公开宣布的通货膨胀目标的行为人则使用外推的规则，该规则由过去的通货膨胀外推未来的通货膨胀。

基础分析的规则也被称为通货膨胀目标制（inflation targeting）规则。它指使用中央银行的通货膨胀目标去预测未来的通货膨胀，例如

$$\widetilde{E}_t^{\text{tar}} \pi_{t+1} = \pi^* \tag{1—14}$$

其中，通货膨胀目标 π^* 被标准化为 0。

外推的规则定义为

$$E_t^{\text{ext}} \pi_{t+1} = \pi_{t-1} \tag{1—15}$$

市场预测是以上两种预测的加权平均，即

$$\widetilde{E}_t \pi_{t+1} = \beta_{\text{tar},t} \widetilde{E}_t^{\text{tar}} \pi_{t+1} + \beta_{\text{ext},t} \widetilde{E}_t^{\text{ext}} \pi_{t+1} \tag{1—16}$$

或者

$$\widetilde{E}_t \pi_{t+1} = \beta_{\text{tar},t} \widetilde{E}_t^{\text{tar}} \pi^* + \beta_{\text{ext},t} \pi_{t-1} \tag{1—17}$$

以及

$$\beta_{\text{tar},t} + \beta_{\text{ext},t} = 1 \tag{1—18}$$

在这里，我们使用的选择机制与预测产出时的选择机制相同，我们使用该机制来决定行为人相信通货膨胀目标的概率；同理，对于不相信通货膨胀目标的行为人，我们同样使用该机制来决定他们使用过去的通货膨胀值进行外推的概率，也就是说，

$$\beta_{\text{tar},t} = \frac{\exp(\gamma U_{\text{tar},t})}{\exp(\gamma U_{\text{tar},t}) + \exp(\gamma U_{\text{ext},t})} \tag{1—19}$$

$$\beta_{\text{ext},t} = \frac{\exp(\gamma U_{\text{ext},t})}{\exp(\gamma U_{\text{tar},t}) + \exp(\gamma U_{\text{ext},t})} \tag{1—20}$$

其中，$U_{\text{tar},t}$ 与 $U_{\text{ext},t}$ 是与基础分析的规则和外推的规则相关的预测表现（效用）。我们在式（1—9）与式（1—10）中用相同的方式定义了它们，也就是说，它们分别是使用基础分析（通货膨胀目标制）的规则与外推的规则的过去的预测误差平方的加权平均数的负数。

对于在通货膨胀预测中使用的直觉推断，我们可以将其理解为这样一种程序，即，如果通货膨胀目标制是非常可信的，那么使用公开宣布的通货膨胀目标将会产生良好的预测，并且行为人由此而相信通货膨胀目标的概率将会很高；如果通货膨

胀目标并非十分可信，则它将不会产生良好的预测（与一个普通的外推的规则相比），并且行为人使用它的概率也会很低。

1.5　模型求解

通过先将式（1—3）代入式（1—1），并以矩阵形式表示，可得出模型的解[①]：

$$
\begin{bmatrix} 1 & -b_2 \\ -a_2 c_1 & 1-a_2 c_2 \end{bmatrix} \begin{bmatrix} \pi_t \\ y_t \end{bmatrix} = \begin{bmatrix} 0 & b_1 \\ -a_2 & a_1 \end{bmatrix} \begin{bmatrix} \widetilde{E}_t \pi_{t+1} \\ \widetilde{E}_t y_{t+1} \end{bmatrix} + \begin{bmatrix} 1-b_1 & 0 \\ 0 & 1-a_1 \end{bmatrix} \begin{bmatrix} \pi_{t-1} \\ y_{t-1} \end{bmatrix}
$$

$$
+ \begin{bmatrix} 0 \\ a_2 c_3 \end{bmatrix} r_{t-1} + \begin{bmatrix} \eta_t \\ a_2 u_t + \varepsilon_t \end{bmatrix}
$$

或是

$$
\boldsymbol{A} \boldsymbol{Z}_t = \boldsymbol{B} \widetilde{E}_t \boldsymbol{Z}_{t+1} + \boldsymbol{C} \boldsymbol{Z}_{t-1} + \boldsymbol{b} r_{t-1} + \boldsymbol{v}_t \tag{1—21}
$$

这里加粗的字母指的是矩阵与向量。$\boldsymbol{Z}_t$ 的解为

$$
\boldsymbol{Z}_t = \boldsymbol{A}^{-1} \left[\boldsymbol{B} \widetilde{E}_t \boldsymbol{Z}_{t+1} + \boldsymbol{C} \boldsymbol{Z}_{t-1} + \boldsymbol{b} r_{t-1} + \boldsymbol{v}_t \right] \tag{1—22}
$$

当矩阵 $\boldsymbol{A}$ 是非奇异的时，也就是说当 $(1-a_2 c_2)-a_2 b_2 c_1 \neq 0$ 时，解是存在的。式（1—22）描述了给定 y_t 与 π_t 的预测时 y_t 与 π_t 的解。我们已经在式（1—7）—式（1—17）中对后者进行了详细说明，并且可将后者代入式（1—22）中去。最后，通过将在式（1—22）中获得的 y_t 与 π_t 代入式（1—3），我们得到 r_t 的解。

由于该模型具备非线性特征，所以它很难得到解析解（analytical solution）。[②] 这也就是我们使用数值方法（numerical method）去分析其动态的原因。为了达到这一目的，我们必须校准（calibrate）该模型，也就是说，为模型中的参数选择数值（numerical value）。在校准中所使用的参数是基于嘉里（Galí，2008）的研究的。我们使用以月份作为时间单位的方式对该模型进行校准。同时，我们将展示主要结果对于模型中某些参数的变化的敏感性分析（sensitivity analysis）。三种冲击——需求冲击（demand shock）、供给冲击（supply shock）以及利率冲击（in-

12

---

① 该式可能存在错误，应为 $\begin{bmatrix} 1 & -b_2 \\ -a_2 c_1 & 1-a_2 c_2 \end{bmatrix} \begin{bmatrix} \pi_t \\ y_t \end{bmatrix} = \begin{bmatrix} b_1 & 0 \\ -a_2 & a_1 \end{bmatrix} \begin{bmatrix} \widetilde{E}_t \pi_{t+1} \\ \widetilde{E}_t y_{t+1} \end{bmatrix} +$

$\begin{bmatrix} 1-b_1 & 0 \\ 0 & 1-a_1 \end{bmatrix} \begin{bmatrix} \pi_{t-1} \\ y_{t-1} \end{bmatrix} + \begin{bmatrix} 0 \\ a_2 c_3 \end{bmatrix} r_{t-1} + \begin{bmatrix} \eta_t \\ a_2 u_t - a_2 c_1 \pi^* + \varepsilon_t \end{bmatrix}$。——译者

② 求解行为模型之所以比求解与理性预期相对应的模型更加困难，是因为后者是线性模型，而前者是非线性模型。这种复杂性上的不同也与"理性预期模型假设了一个代表性消费者和生产者"这一事实有关。然而，解这样模型是相对容易的，因为它忽略了信念上的异质性带来的复杂性。

terest rate shock）——是独立同分布的（independently and identically distributed），标准差为 0.5%。用于数值分析的 Matlab 代码可参见本章附录 2。

1.6 动物精神（animal spirit）、学习与遗忘（forgetfulness）

在这一节中，我们将展示并解释在时间域（time domain）内对行为模型的模拟（simulation）。图 1—3 的上半部分描述了当给定一个随机独立同分布的冲击的特定实现方式时，行为模型所产生的产出的时间模式。我们从图 1—3 中还可以观察到产出缺口中的剧烈的周期运动（cyclical movement），并且产出缺口的自相关系数（autocorrelation coefficient）是 0.95（该系数非常接近 0.94，即美国在 1960—2009 年产出缺口的自相关系数）。图 1—3 的下半部分描述的是一个被称为动物精神的变量，它表示行为人外推出正产出缺口的概率的演变（evolution）。正如前文所述，可以将这些概率理解为使用正的外推的规则（positive extrapolation rule）的行为人的比例。因而，当行为人外推一个正产出缺口的概率为 1 时，我们将会说使用该规则的行为人的比例为 1。当图 1—3 下半部分中的曲线达到 1 时，所有行为人将外推出一个正产出缺口；当曲线达到 0 时，没有行为人会外推出正产出缺口。因而，也可以将该曲线理解为表明了对产出缺口做预测的行为人的乐观主义（optimism）或悲观主义（pessimism）的程度。

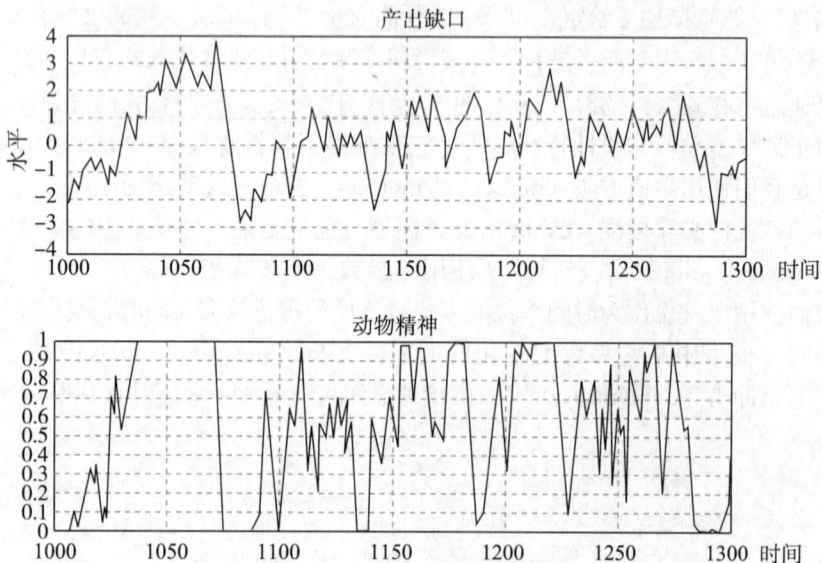

图 1—3 行为模型中的产出缺口

动物精神的概念是由凯恩斯（Keynes，1936）提出的。凯恩斯将其定义为投资者的乐观主义与悲观主义的波动①，而这些投资者是拥有自我实现（self-fulfilling）特征的，他们能够推动投资与产出运动。作为理性预期革命的一个结果，主流的宏观经济学观点抛弃了"经济周期运动可以由乐观主义与悲观主义的独立波动所推动"的概念。但最近，阿克洛夫与席勒（Akerlof and Shiller，2009）在学术上给这一概念赋予了新的含义。② 我们的模型对动物精神进行了精确的定义。现在，我们将说明动物精神在经济周期的形成和运动中的重要性。

13

将图 1—3 中的两部分结合起来可以发现模型产生了乐观主义与悲观主义（动物精神）的内生波动。在某些时期乐观主义者（optimist）（即外推出正产出缺口的行为人）占主导，这将转化为高于平均水平的产出增长。乐观主义时期之后跟随着悲观主义时期，此时悲观主义者（pessimistic）（即外推出负产出缺口的行为人）占主导，并且产出增长率低于平均水平。这些乐观主义与悲观主义的波动在本质上是不可预测的。冲击的其他实现（式（1—1）—式（1—3）中的随机项）方式则产生不同的周期，这些周期的一般特征是相同的。

14

通过一个自我实现的机制，产出中出现内生的周期是可能的，下面我们对该机制进行描述。一系列随机冲击产生了这样一种可能性：两种预测规则其中之一（比如说，外推的规则）拥有较好的表现（效用），即具有较小的均方预测误差。这吸引了使用基础分析的规则的行为人。如果成功的外推恰巧是一个正外推，那么更多的行为人将会开始外推正产出缺口。这一传染效应（contagion effect）导致产出缺口正外推的使用增加，这又反过来刺激了总需求。因此，乐观主义是自我实现的。繁荣就这样产生了。

这个转变是如何出现的？有两个机制在起作用。第一，存在可能引发转变的负向随机冲击。第二，存在中央银行对泰勒规则的应用。在繁荣期间，产出缺口为正，并且通货膨胀超过中央银行的目标。这使得中央银行提高利率，从而在产出缺口与通货膨胀中设定一个反转的运动。这种动态倾向于减小乐观的外推预测的效用。基础分析预测可能变得再次具有吸引力，但是悲观的外推也同样有可能变得具有吸引力并且因此再次流行起来，从而经济发生转向。

这些乐观主义与悲观主义的波动可以被理解为行为人的探索（学习）机制，这里的行为人并未完全理解潜在的模型，但仍持续地探索真相。这一探索机制的一个本质特征是，该机制会导致信念（例如，乐观的外推或悲观的外推）的系统相关性（systematic correlation）。这种系统相关性处于模型所产生的繁荣与萧条的核心。

---

① 参见阿克洛夫与席勒（Akerlof and Shiller，2009）对动物精神的不同解释，同样也可参见法摩尔（Farmer，2006）。

② 这里有一个较早的文献，将在 1.13 节中讨论。它试图在宏观经济学模型中引入动物精神。动物精神的观点也可以在布劳克与霍默思（Brock and Hommes，1997）的论文中找到。

但是，值得注意的是，当计算一个相当长的时间周期时，预测中的平均误差接近零。在这个意义上，预测偏差（forecast bias）是渐近消失的。

与通货膨胀的时间路径相关的结果可见图1—4。首先注意图1—4的下半部分，它描述的是使用外推的规则的行为人的比例，也就是说，不相信中央银行通货膨胀目标的行为人的比例。人们可以辨别两种制度。若存在一种外推比例在50%左右波动的制度，则这意味着使用通货膨胀目标作为其指导的预测者的比例在50%左右。在中央银行的通货膨胀目标约为±1%的窄频带内，这足以控制通货膨胀率。但是，第二种制度仅仅在外推占主导的时候出现。在这种制度中，通货膨胀率波动得更加显著，因而中央银行的通货膨胀目标制是脆弱的。当预测者认为依赖过去的通货膨胀波动比依赖中央银行的通货膨胀目标能产生更好的预测表现时，中央银行的通货膨胀目标制就会被破坏。作为供给、需求中的一个随机冲击的结果，这种情况的出现是不可预测的。我们将在第3章中回到关于这个问题的讨论，即中央银行如何才能弥补信用缺失。

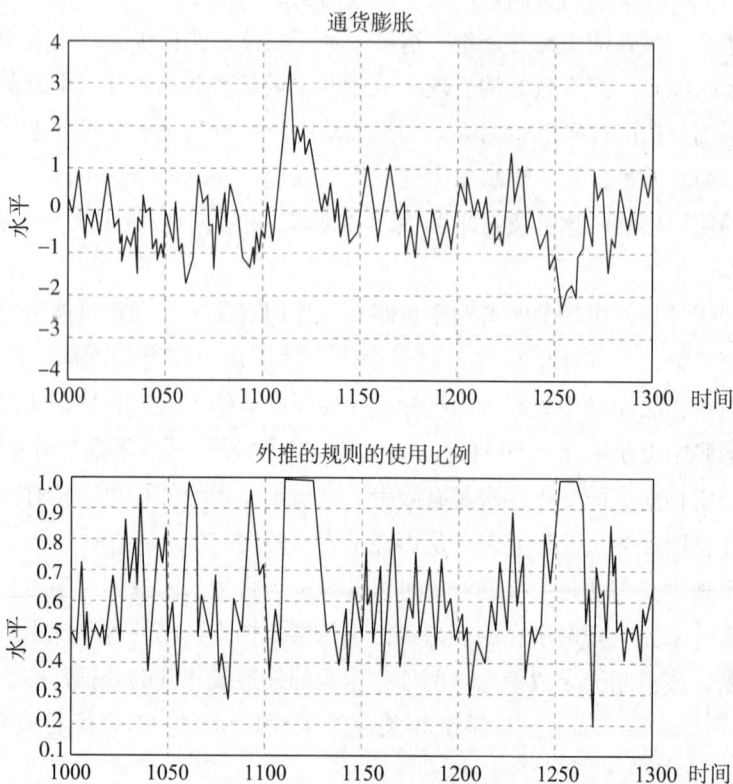

图1—4　行为模型中的通货膨胀

1.7　动物精神产生的条件

16

在之前所描述的模型中，都给定了模型参数数值的假设集合（参见本章附录 1）。在这些数值集合中，可以观察到动物精神（通过乐观的外推所占的比例来衡量），以及其对产出缺口波动的影响。图 1—3 中，乐观者的比例与产出缺口的相关系数为 0.86。当人们改变模型参数值时，会想要知道这一相关性是如何发展形成的。我在此主要关注两个参数值：选择参数的强度 γ 和行为人计算其预测表现时的记忆。敏感性分析会使我们发现动物精神将在何种条件下出现。

1.7.1　学习的意愿

首先，我们将精力集中在选择参数的强度 γ 上。当规则的性能改变时，该参数决定了行为人从一种规则转向另一种规则的强度。该参数反过来又与行为人效用函数中的随机组成部分的重要性有关系。当 γ 为零时，转变机制则为纯随机的。在这种情况下，行为人通过掷硬币来决定使用哪一种规则。他们从过去的错误中学习不到任何东西。随着 γ 的增大，行为人对他们所用规则过去的表现变得更敏感，因此也更愿意从过去的错误中学习。

为了检查 γ 在产生动物精神中的重要性，我们从零开始对 γ 的连续值建立模型并进行模拟。对于每个 γ 值，我们都分别计算动物精神与产出缺口之间的相关性。图 1—5 描述了这一实验的结果。其中，横轴表示 γ 的连续值，纵轴表示产出缺口

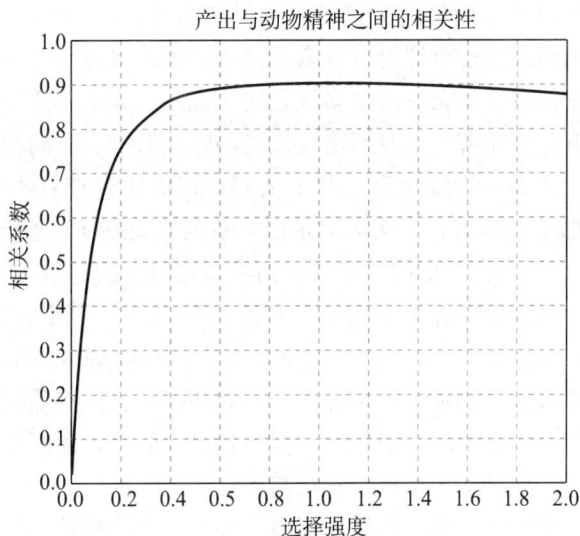

图 1—5　动物精神和学习

和动物精神之间的相关系数。我们得到了一个非常有趣的结果：当 γ 为零时（也就是说，转变机制是纯随机的），该相关系数为零。对此的理解是，如果行为人做决策的环境是纯随机的，也就是说，他们对预测规则的表现并没有反应，那么不存在可以影响经济周期的乐观主义和悲观主义（动物精神）的系统波动。当 γ 增大时，相关系数则迅速增大。因此，在行为人从他们的错误中进行学习的环境中，动物精神就产生了。换句话说，若要产生动物精神并对经济周期产生影响，则（从学习意愿的角度来看）人们需要一个最低的理性水平。图 1—5 说明了这一点，且通过相对小的 γ 可以达到这一效果。因此，令人惊奇的是，动物精神的产生并不是因为行为人是非理性的。相反地，只有在行为人是充分理性的情况下，动物精神才能产生。

1.7.2 遗忘的能力

行为人检验预测规则的表现时，会对过去的预测误差进行计算。在这样做的过程中，给这些过去的预测误差赋予了权重。这些权重表现为式（1—9）和式（1—10）中的参数 ω_k。我们假设，这些权重随着过去的不断远去而减小。另外，我们假设，这些权重呈指数衰减。我们定义 $\omega_k = (1-\rho)\rho^k$（$0 \leqslant \rho \leqslant 1$）。我们可以将式（1—9）和式（1—10）重写为如下形式（如果我们对此并不理解，则可以反过来理解它，也就是说，在式（1—23）和式（1—24）中对 $U_{f,t-1}$、$U_{f,t-2}$ 等进行重复替代可得到式（1—9）和式（1—10））：

$$U_{f,t} = \rho\, U_{f,t-1} - (1-\rho) \left[y_{t-1} - \widetilde{E}_{f,t-2}\, y_{t-1} \right]^2 \qquad (1—23)$$

$$U_{e,t} = \rho\, U_{e,t-1} - (1-\rho) \left[y_{t-1} - \widetilde{E}_{e,t-2}\, y_{t-1} \right]^2 \qquad (1—24)$$

现在，我们可以将 ρ 解释为对行为人记忆的衡量。当 $\rho = 0$ 时，不存在记忆，也就是说，在对预测规则进行评价时只有最后一期的表现起作用；当 $\rho = 1$ 时，存在无限的记忆，也就是说，无论过去多久，对过去所有的误差都赋予相同的权重。由于在这种情况下会有无穷多个时期需要记忆，因此对每一时期所赋予的权重都是相同的——为零。如果 ρ 的值介于 0 和 1 之间，则表明存在并不完美的记忆。以

$\rho = 0.6$ 为例，该数字意味着，行为人对最后观察到的误差（在 $t-1$ 期）赋予的权重为 0.4，而对最后一期之前的时期出现的所有误差赋予的权重为 0.6。

我们对于连续的 ρ 值计算了动物精神和产出缺口之间的相关性（见图 1—6）。当 $\rho = 1$ 时，相关系数为零。在这种情况下，无论这些观察结果发生在多久远的过去，行为人对于所有过去的观察结果都赋予相同的权重。换句话说，当行为人拥有无限的记忆时，他将不会遗忘任何东西。但自相矛盾的是，他们也无法从新信息中学习到什么。在这一情况下无法产生动物精神。

因此人们需要遗忘（这是一种认知局限）来产生动物精神。值得注意的是，遗忘的程度不能太大。对于低于 0.98 的 ρ 值来说，产出与动物精神之间的相关性是

非常高的。[①]

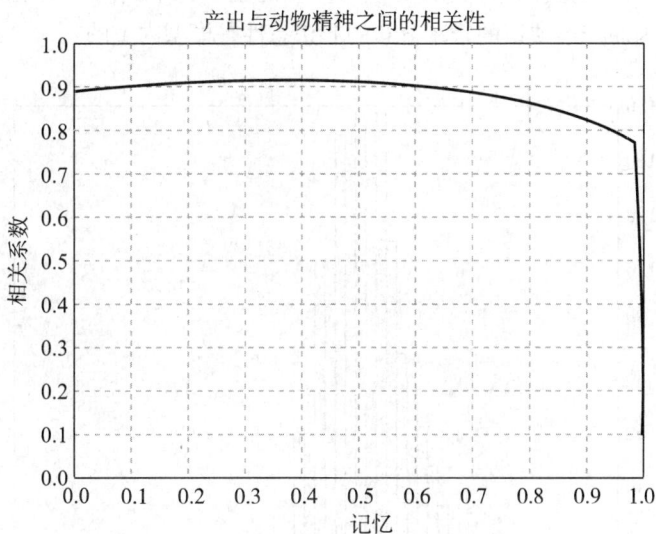

产出与动物精神之间的相关性

图 1—6　动物精神与遗忘

这一结果与之前的结果一起得出了一个有趣的见解。当行为人的行为是理性的（以愿意从错误中学习的角度来看），且当行为人面对认知局限时，动物精神才会产生。在超理性或非理性的世界中，动物精神都不能产生。

1.8　两个不同的经济周期理论：行为模型

对于我们所定义的经济周期中的经验规律而言，我们的行为模型的模拟能力如何？本节将会对这一问题进行回答。在下一节中，我们将对以理性预期为基础的主流新凯恩斯模型的表现提出疑问。

图 1—3 描述了从行为模型中获得的产出缺口的一个典型模拟。图 1—3 所示的产出缺口的自相关系数为 0.95，它非常接近 0.94，即美国在 1960 年到 2009 年的产出缺口的自相关系数。另外，我们的行为模型所显示的产出缺口的频率与正态分布很不一致。我们通过图 1—2 所示的产出缺口的柱状图对此进行了说明。图 1—7 表明了该结论。产出缺口的频率分布与正态分布之间存在显著偏差。存在超峰度（峰度为4.4），也就是说，与正态分布相比，均值附近观测值的集中度过高。另外，还存在厚尾特征。这意味着存在过多这样的观测值——它们要么过小要么过大，从而使序列不服

---

① 值得注意的是，图 1—6 中表明当 ρ 接近 1 时，会出现相关性不连续的情况。当 ρ 下降到 0 时的相关性是连续的，但是当 ρ 值非常接近 1 的时候，不连续性又会出现。

20 从正态分布。我们还对正态性（normality）进行了更为正式的检验——偏度—峰度检验（J-B检验），结果是拒绝正态性。值得注意的是，由于我们模型中的冲击是服从正态分布的，因而产出缺口的频率分布的非正态性是模型内生的。

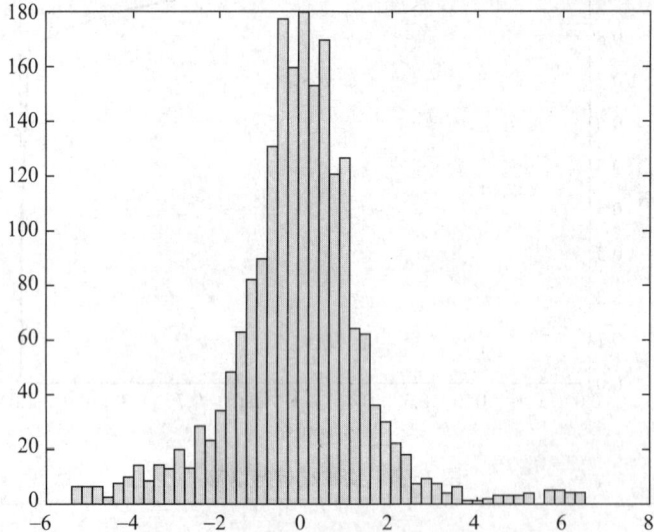

峰度＝4.4，J-B 检验值＝178.4（P 值＝0.001）

图1—7　模拟产出缺口的频率分布

该结论意味着当我们使用宏观模型中的正态性假设时，存在低估大规模变动的可能性，也就是说，低估萧条或繁荣发生的可能性。在基于正态性假设的金融模型中，这种情况同样是真实存在的——这些模型严重低估了资产价格发生巨大变化的可能性。换句话说，它们低估了发生经济泡沫与崩溃的可能性。引用楠西姆·泰伯（Nassim Taleb）的隐喻，与基于正态性假设的理论模型的预测相比，真实世界中存在更多的黑天鹅。

我们可以对这一现象进行很好的观察。当然，若能对此进行解释则更好。我们的模型则提供了这样一种解释，该解释建立在动物精神的特定动态的基础之上。图1—8表明动物精神指数（animal spirits index）的频率分布与图1—7所示的产出缺口的频率分布之间存在相关关系。从图1—8中我们可以观察到动物精神集中出现在0和1的极端值处以及分布的中部。这一特征对产出缺口波动的非正态性提供了重要解释。

当动物精神指数集中于分布的中部时，我们处于平静期（tranquil periods）。并不存在特定的乐观主义或悲观主义，且行为人使用基础分析的规则来对产出缺口进行预测。然而，在无规律的间隔中，经济被乐观主义波动或被悲观主义波动所影响。这些波动的关键在于信念是相关的。乐观导致乐观主义的产生；悲观则导致悲观主义的产生。这会导致这样一种情况：每个个体要么成为乐观主义者，要么成为悲观主义者。这些时期的特征在于产出缺口（繁荣和萧条）中出现极端积极或消极的波动。

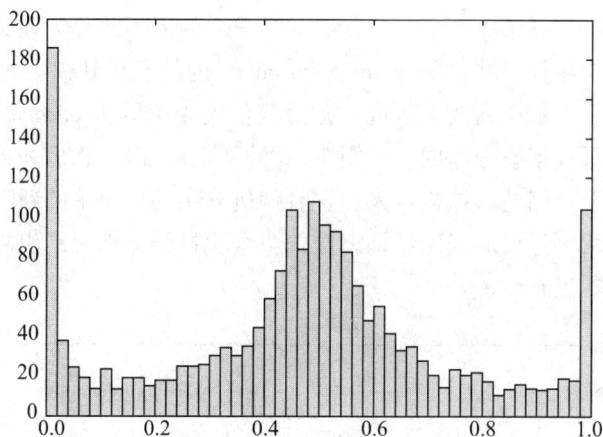

图1—8 模拟动物精神的频率分布

从之前的讨论中可知我们的行为模型对产出缺口的波动的分布做出了强有力的预测。这些波动应该是非正态的，这也是我们在现实中所观察到的。我们将在第8章中回到这些实证问题。

1.9 两个不同的经济周期理论：新凯恩斯模型

新凯恩斯理性预期模型在模拟经济周期的经验规律方面表现如何？为了回答这一问题，我们使用由总需求方程（1—1）、总供给方程（1—2）和泰勒规则方程（1—3)所组成的模型。该模型是在理性预期的情况下解出的。

由式（1—1）—式（1—3）组成的模型可以以矩阵表示如下：

$$\begin{bmatrix} 1 & -b_2 & 0 \\ 0 & 1 & -a_2 \\ -c_1 & -c_2 & 1 \end{bmatrix} \begin{bmatrix} \pi_t \\ y_t \\ r_t \end{bmatrix} = \begin{bmatrix} b_1 & 0 & 0 \\ -a_2 & a_1 & 0 \\ 0 & 0 & 0 \end{bmatrix} \begin{bmatrix} E_t \pi_{t+1} \\ E_t y_{t+1} \\ E_t r_{t+1} \end{bmatrix} + \begin{bmatrix} \eta_t \\ \varepsilon_t \\ \mu_t \end{bmatrix}$$

$$\boldsymbol{\Omega} Z_t = \boldsymbol{\Phi} E_t Z_{t+1} + v_t \tag{1—25}$$

$$Z_t = \boldsymbol{\Omega}^{-1} [\boldsymbol{\Phi} E_t Z_{t+1} + v_t] \tag{1—26}$$

有很多种方法可以求解理性预期模型（Minford and Peel，1983；Walsh，2003）。这里，我将主要用数值方法来求解方程组，这是因为早先所用的行为模型是高度非线性的（这与线性的理性预期模型是相对的），这使得我们必须使用数值计算方法（numerical solution techniques）进行求解。我所用的是宾德—伯斯兰方法（Binder and Pesaran，1996），Matlab 代码详见本章附录 2。参数的数值与行为模型中所用参数的数值是相同的（参见本章附录 1）。它们是以这些模型中所经常使用的值为基础的（Galí，2008）。

模拟产出缺口的波动如图 1—9 所示。图 1—9 的上半部分为在时间域内的产出缺口，下半部分为在频率域（frequency domain）内的产出缺口。产出缺口的自相关系数为 0.77，显著低于所观测到的数据（我们发现美国为 0.94）。此外，这些产出缺口的波动是服从正态分布的（见图 1—9 的下半部分）。我们并不能拒绝其分布是正态的这一假设。因此，这样看来，含有随机分布的、简单的新凯恩斯理性预期模型并不能阐明两个重要的经验特征。这两个经验特征分别为产出缺口波动的周期本质和其分布的非正态性。

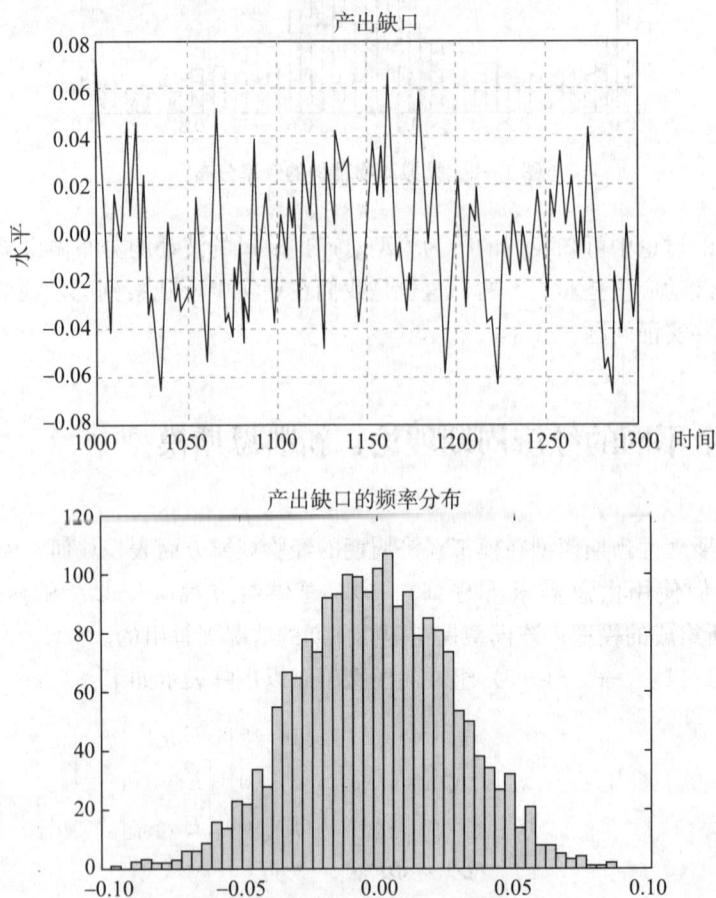

图 1—9　扩展的新凯恩斯模型中的模拟产出缺口

为使该模型变得在经验上更贴合实际，我们在下一个步骤中可以将自相关性加入到误差项中去，这在 DSGE 模型中已经是一个标准程序了（Smets and Wouters，2003）。我们假设在式（1—1）—式（1—3）中的误差项的自相关性为 0.9。该假设的结果表现在图 1—10 所示的对产出缺口的模拟中。我们现在已经得到了与现实生活中的波动相类似的产出缺口的波动。现在，产出缺口的自相关系数为 0.98，这与所观测到的第二次世界大战后美国产出缺口的自相关系数 0.94 非常接近。然而，我们仍不能拒绝正态分布的假设（见偏度—峰度检验）。这是 DSGE 模型所不能解决的一个问题。

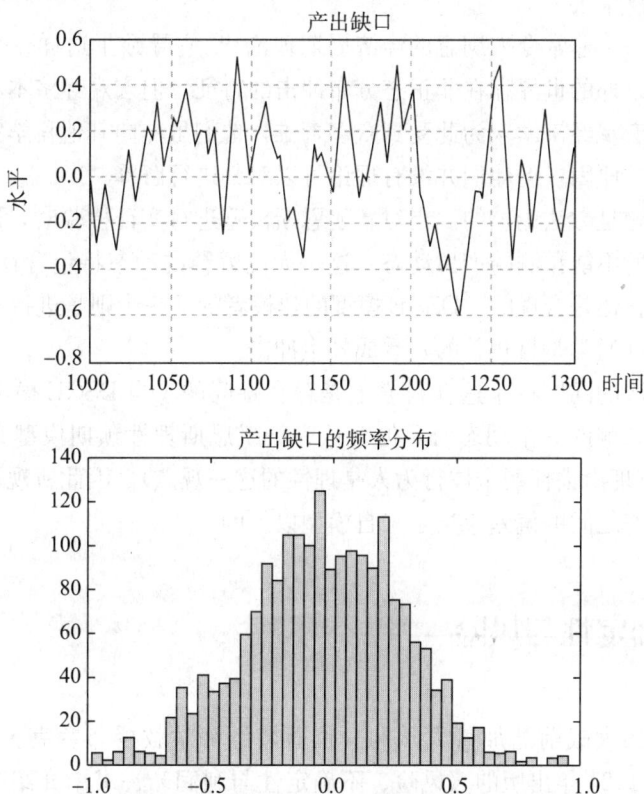

产出缺口

产出缺口的频率分布

图 1—10　扩展的新凯恩斯模型中的模拟产出缺口与自相关的误差项

因此，为了模拟经济周期波动，DSGE 模型的建立者在误差项（对经济的冲击）中引入了自相关性。该方法使得 DSGE 模型能够充分地适用于所观测到的数据（Smets and Wouters, 2003）。虽然这约束了第一期和第二期的产出波动，但约束不了更长期的产出波动（偏峰、厚尾）。后者的失效意味着，要解释产出中的大规模波动（即萧条或繁荣），DSGE 模型必须依赖于大规模的不可预测冲击。

DSGE 模型中暗含着与经济周期理论相关的两个问题。

第一，经济周期并不是内生动态的结果。它是外生冲击和这些冲击的缓慢传递（这是由于工资和价格的刚性）的结果。不同的是，DSGE 模型刻画了这样一个世界，该世界由信息完全的理性行为人组成。在这样的世界中，不会内生地出现经济周期。经济周期出现的原因是外生扰动，以及行为人对这些冲击的瞬时反应能力存在限制。因此，给定一个冲击将会产生经济中的涟漪效应（ripple effects），即周期性波动（cyclical movements）。

因此，DSGE 模型解释了资本主义经济中经常观测到的由大规模的外部冲击所引起的大规模的繁荣和萧条。宏观经济可以说是一个和平的世界，其中行为人持续地进行最大化。然而，这一和平的世界有时会受到大规模外部扰动的冲击，随后会传递到宏观经济中去。

这并不是一个非常令人满意的经济周期理论。[①] 它导致了这样一个问题，即为什么宏观经济以外的世界存在非正态分布冲击的特征，但宏观经济本身并不产生这一冲击。主流宏观经济学家为此受到众多责难，他们虽然向其他科学家请教这些大规模冲击发生的原因，但他们并没有理论可以对其进行解释。

第二个问题是方法论上的。当对新凯恩斯模型进行实证检验时，研究者会发现存在大量模型所不能预测的产出动态。这一无法解释的动态将包含在误差项之中。这直到现在为止还是合理的。DSGE 模型的建模者的下一步则是进行总结，即应当将这些误差项（通常是自相关的）看成外生冲击。

有关该方法的问题在于这在科学上是存在疑问的。当 DSGE 模型的建模者发现模型所不能预测的一个动态时，他会认为新凯恩斯理性预期模型必定是正确的（这是因为没有理由去怀疑个体行为人是理性的这一观点），因此所观测到的动态和模型预测的动态之间的偏差应当是来自模型以外的。

1.10 不确定性与风险

第二次世界大战前芝加哥大学的一位著名经济学教授弗兰克·奈特（Frank Knight）在他 1921 年出版的《风险、不确定性与利润》一书中介绍了风险和不确定性间的区别。根据弗兰克的观点，风险是可以计量的。它与一些事件有关，这些事件发生的概率可以用统计分布来表示。因此，我们可以对这些事件发生的概率进行非常精确的计算。我们之所以可以这样做，是因为这些事件的发生中存在某种规律，且有大量的数据可以用于发现这一规律。与之相反，不确定性则并不能被这样量化，因为它缺乏规律，并且也没有足够的数据去发现这些规律。

主流宏观经济学模型是建立在仅仅考虑风险的理性预期（包括 DSGE 模型）的基础之上的。在这些模型中，行为人有能力对所有未来的冲击做概率预测，这些预测建立在从过去所得到的可量化的统计分布的基础上。例如，DSGE 模型中的行为人知道，在任何时期中发生−5%的负供给冲击的概率为 10%。事实上，他们可

---

① 在经济学中，对于发展内生经济周期理论有着长期的传统（Hicks, 1950；Goodwin, 1951），但这已经被现代宏观经济学完全抛弃了。

以将所有可能的供给冲击和所有可能的需求冲击发生的概率用列表的形式表示出来。这当然是一个特别的假设。

图1—7中所示的产出缺口的频率分布表明，虽然分布是非正态的，但分布中已经有足够的规律让个体行为人去做概率预测了。然而，这一规律只是由于模拟实践中的大量时期（2000）而出现的。假设一个时期对应一个月，则需要约170年的观测值才能得到该频率分布。在大部分的发达国家中，我们所能得到的产出缺口数据的最大年限为40～50年，仅为图1—7中构建频率分布所用的观测量的四分之一。

这样问题就出现了：从更短的时期中获得的产出缺口的频率分布的可信度如何？为了回答这一问题，我们在短时期（400，对应为大约40年）内对行为模型进行了模拟。对每400期的模拟，我们计算出产出缺口的频率分布，结果如图1—11所示。我们发现，不同的400期模拟所得出的产出缺口的频率分布看起来是具有很大差异的。所有模拟的分布都显示出超峰度，但超峰度的程度差异很大。在所有的情况下都有证据表明存在厚尾，但其具体形状也是各不相同的。在某些400期模拟中，仅存在正的厚尾，在另一些400期模拟中，则仅存在负的厚尾。而在其他模拟中，则在分布的两端都显示出厚尾。

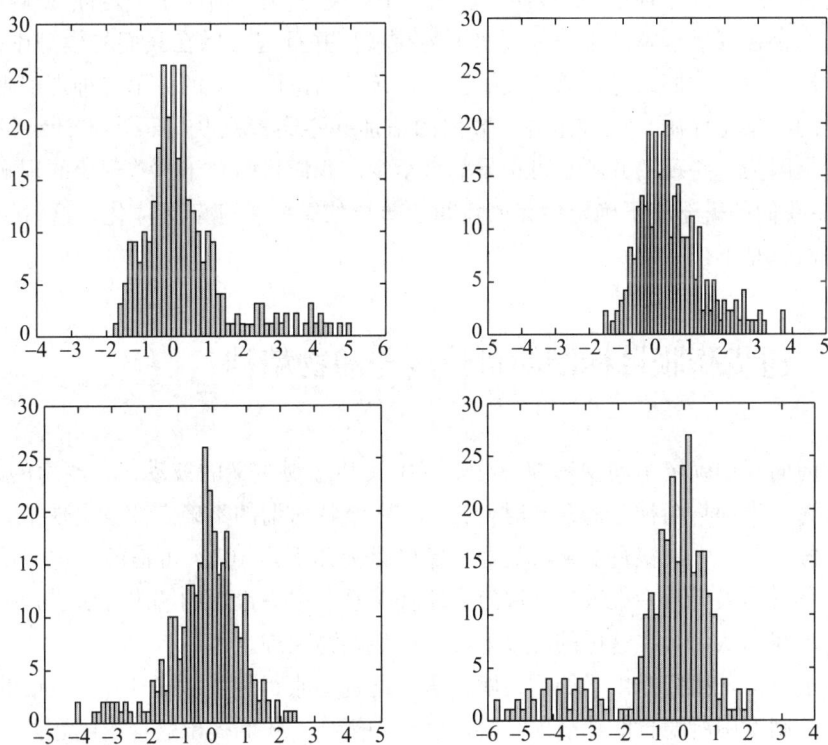

图1—11 在400期模拟中的产出缺口的频率分布

这表明如果我们的动物精神模型很好地描述了现实世界，那么我们需要知道经济变量的统计分布规律，并用其对该变量进行概率上的描述。但是，约 40 年的观测是远不足以得到如产出缺口这样的重要变量的统计分布规律的。因此，我们的行为模型更接近于对这样的世界——在宏观经济层面上占优势的是不确定性而非风险——进行描述。这与标准的理性预期宏观模型相反，在该模型中仅有风险而没有不确定性。

我们用行为模型进行的模拟表明，在超过 40 年的时期中，我们会看到产出缺口的不同的频率分布。但是，对于给定的有限的历史样本（仅有一个历史频率分布），则很难对这一结果进行检验。换句话说，我们怎么样才能知道在宏观经济建模中不确定性比风险更贴合实际呢？我们将用不止一个国家的证据来对其进行阐释，从相对短的时期的经验观察所得的频率分布的形状差异很大，这使得我们很难得出统计结论。因此，正如即将所阐释的那样，经验证据表明，在宏观经济现实中占优势的是不确定性而非风险。这同样也是我们的行为模型所告诉我们的。

当然，人们也可以认为我们在此观察到的不确定性和风险间的差异只是程度问题，而非本质问题。如果观测的数量足够大，则在我们的模型中，不确定性会转变成可衡量的风险。这种批评毫无疑问是正确的。事实上，对于不确定性和风险间的差异往往存在双重理解。第一种理解更为狭义，并且也可以在我们的模型中得出：不确定性是由于我们缺乏足够的数据去得出统计结论而产生的。第二种理解则考虑了差异的可量化性质，也就是说，数据的增加并不会提高我们得出统计结论的能力，这是因为一些现象并不是可衡量的（至少从我们目前对于这些现象的理解情况来看）。我们的模型将不确定性和风险间的差异的第一种理解具体化，这对于第二种理解而言是不公正的。

1.11　通货膨胀目标制的可信度与动物精神

在前面我们确定了动物精神——乐观主义和悲观主义的波动——产生的条件。我们认为，当动物精神普遍存在时，弗兰克·奈特所谓的不确定性就出现了。我们的隐含假设是，中央银行所宣布的通货膨胀目标并不是 100％可信的。这一不完全可信使得行为人会对中央银行的决定有所怀疑且对中央银行的解决方法进行持续性的检验。我们认为，在这样的环境下可以产生动物精神。

在本节中，我们提出了如下问题：假设通货膨胀目标可以是 100％可信的，那么这样的制度中所隐含的什么内容会产生动物精神？我们提出这样的问题并不是因为我们相信可以实现 100％可信，而是为了分析在何种条件下能够产生动物精神。

我们用以下方式对该问题进行分析。式（1—14）和式（1—15）定义了行为人在不完全可信的环境下所用的预测规则。在这样的环境下，行为人将偶尔地怀疑已公开宣布的通货膨胀目标。在该情况下，他们不会用通货膨胀目标去预测通货膨胀，而是会回到用外推的规则进行预测。在完全可信的通货膨胀目标制下，行为人没有理由去怀疑通货膨胀目标，因此往往会使用已公开宣布的目标作为他们预测的基础。因此，在完全可信的制度下，行为人仅仅使用基础分析的规则，并且不会转向使用别的规则。现在，可将通货膨胀的市场预测简化如下：

$$\widetilde{E}_t \pi_{t+1} = \pi^*$$

我们在图 1—12 中对部分结论进行了说明，并将其与从不完全可信的通货膨胀目标制（在前面章节中已经对其进行了分析）中所得的结果进行了对比。

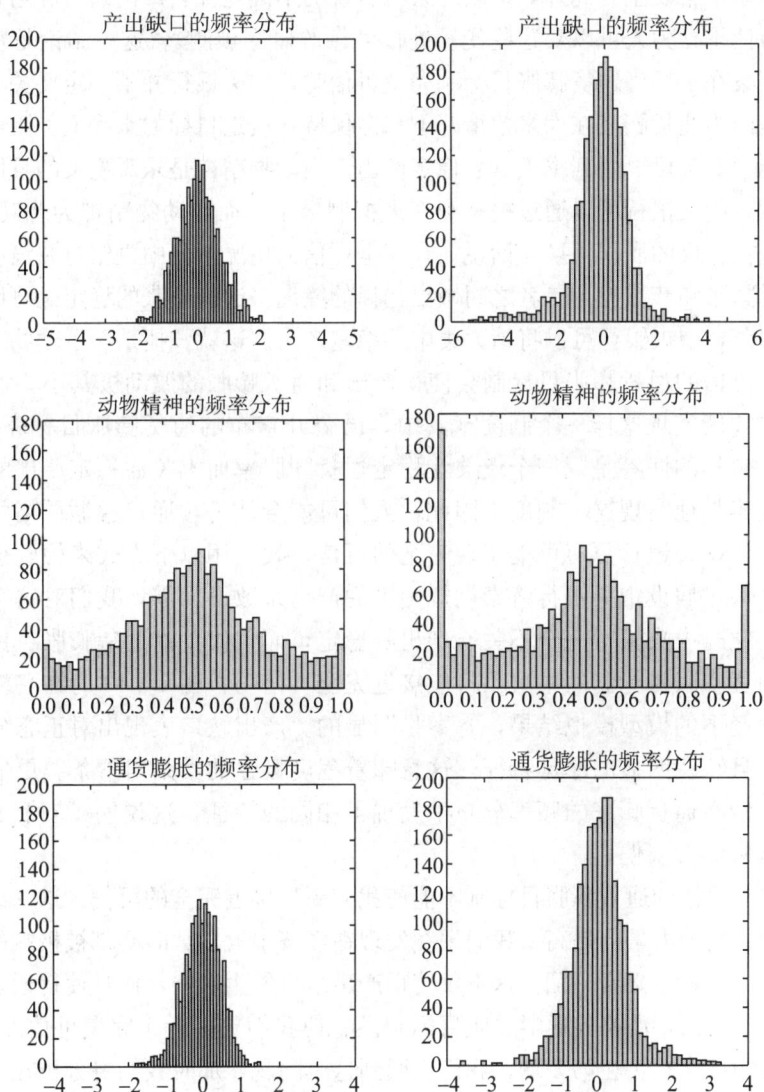

图1—12 产出缺口、通货膨胀与动物精神的频率分布

结果的差异是惊人的。若通货膨胀目标制是完全可信的，则动物精神会比较弱。我们可以从这一事实中看出，动物精神指数并没有说明观测集中于 1（极端乐观主义）和 0（极端悲观主义）这两个极端值。这与不完全可信的情况有着很大的差异。动物精神的差异存在一个效应，即可以消除产出缺口和通货膨胀的频率分布中的厚尾特征的效应。事实上，这两者都服从正态分布，且峰度为 3 左右。偏度—峰度检验不能拒绝在完全可信的情况下产出缺口和通货膨胀是服从正态分布的这一假设。而与在不完全可信的情况下所得的分布相比，二者之间的差异是惊人的：它们显示出了厚尾和过度峰度的特征。

因此，当通货膨胀目标制完全可信时，由于动物精神的存在而产生的大规模的繁荣与萧条不会发生（此外，也缺乏奈特所说的不确定性，产出缺口和通货膨胀的正态分布使得行为人可以对这些变量进行可靠的概率预测）。这一结论是从何而来的呢？答案在于，当通货膨胀目标制完全可信时，中央银行并不一定要关心通货膨胀，这是因为通货膨胀在大多数情况下都会保持在接近目标的水平上。因此，在大多数情况下，都可以用利率工具来稳定产出。当动物精神是乐观主义的且倾向于产生繁荣时，中央银行可以通过提高利率来抑制繁荣。而当动物精神为悲观主义时，则可以进行相反的操作。换句话说，在完全可信的情况下，中央银行并没有处于非要在通货膨胀和产出稳定二者之间做出选择的境地。通货膨胀的稳定是可以自动实现的。因此，中央银行可以将精力集中于稳定产出。这就"扼杀"了动物精神。

完全可信的通货膨胀目标制会使得产出和通货膨胀的波动极其小。那么中央银行怎样才能实现这样一个制度（其中，已公开宣布的通货膨胀目标完全可信）呢？一个自然的回答是，一个仅关注稳定通货膨胀率而不关注稳定产出的中央银行可以更容易地实现这一制度。因此，人们可能会认为，通过遵循严格的通货膨胀目标制，中央银行更有可能实现完全的可信。我们用以下方式来检验该结论是否正确。通过假设中央银行将泰勒规则中的产出系数设为零，我们对这个模型进行模拟。此时中央银行完全不关心产出的稳定，而仅仅关注通货膨胀目标。使用严格的通货膨胀目标制的中央银行能接近完全可信吗？图 1—13 为在严格的通货膨胀目标制下的模型模拟结果，答案是明显的。产出缺口表现出对正态分布的极度偏离，且存在明显的厚尾特征，这意味着程度极强的繁荣与萧条。更值得注意的是，我们在通货膨胀的频率分布中发现了相同的特征，这说明了对目标（在 0 处规范化）的大幅偏离。

因此，严格的通货膨胀目标制不能使我们更加接近完全的可信。这一结果的原因在于动物精神力量的提高。我们现在发现在经济中大多数时间都被极端的乐观主义或极端的悲观主义所支配。这不仅使得产出缺口发生动摇，而且使得通货膨胀率发生动摇。因而，严格的通货膨胀目标制没有使我们更接近于完美可信度的天堂，而是让我们远离它。在第 3 章，我们将回到这个问题，那时我们将分析在一个行为宏观经济学模型中，通货膨胀与产出可变性之间的权衡。

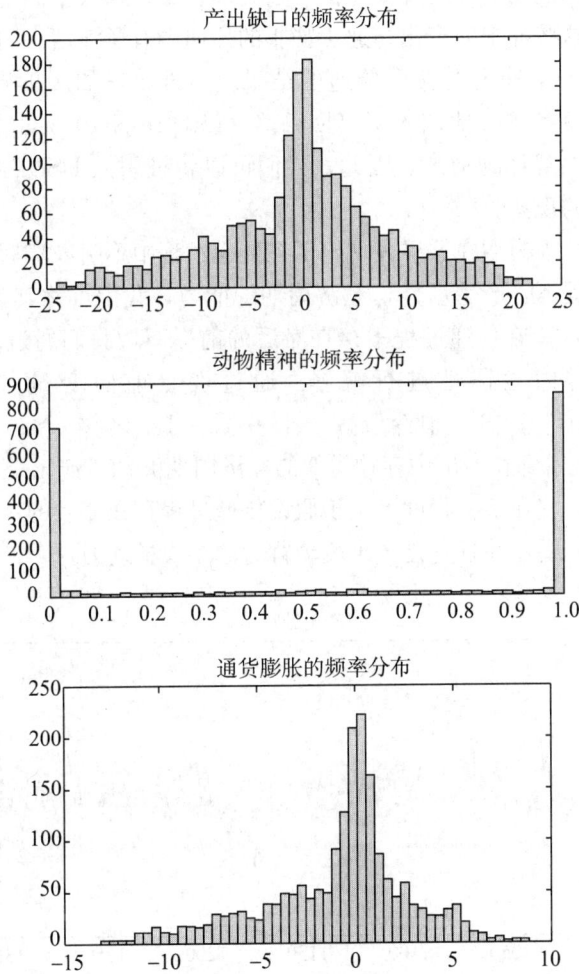

图 1—13　严格的通货膨胀目标制下产出缺口、动物精神与通货膨胀的频率分布

与主流理性预期模型中获得的结果相比，这一结果站在了它的完全对立面上（Woodford，2003；Gali，2008）。在这些严格的通货膨胀目标制的模型中，由于工资与价格惯性（interia）的存在，虽然它们并不是最优的，但是它们具有重要的稳定特征。因此，严格的通货膨胀目标制是相当接近于标准模型中的最优政策的（Gali，2008）。

1.12　惯性的不同类型

行为模型与 DSGE 模型在经济周期的性质上持有极其不同的观点。在 DSGE

模型中的经济周期运动是作为外生冲击（在产出、偏好与政策制度等方面）的结果而出现的，且在这些冲击向产出与通货膨胀的传递中有所滞后。因而，产出与通货膨胀中的惯性是外生冲击的滞后传递的结果。另外，正如 1.9 节中指出的那样，DSGE 模型的建模者例行地加入了自回归（autoregressive）形式的外生冲击，因而引入了模型不能解释的动态。因此，人们可以将被引入 DSGE 模型中的经济周期看成外生创造的现象。

与此相反，行为模型在这里表现出了在传递过程中不引入滞后且在误差项中不引入自相关的前提下，产生惯性与经济周期的能力，我们可称其为内生惯性（endogenous inertia）。[①] 在传递过程不存在滞后的前提下，我们通过对产出与动物精神的模拟可以对内生惯性进行解释。通过设定前向变量（forward-looking variable），即在式（1—1）中令 $a_1 = 1$，在式（1—2）中令 $b_1 = 1$ 来达到（见图 1—14）。我们观察到在产出中存在类似的经济周期波动，产出缺口与动物精神间的相关性为 0.71，它在某种程度上小于假设传递过程存在滞后的情况。但是，这一相关性仍然十分重要，并且它是产出波动背后的主要推动力。

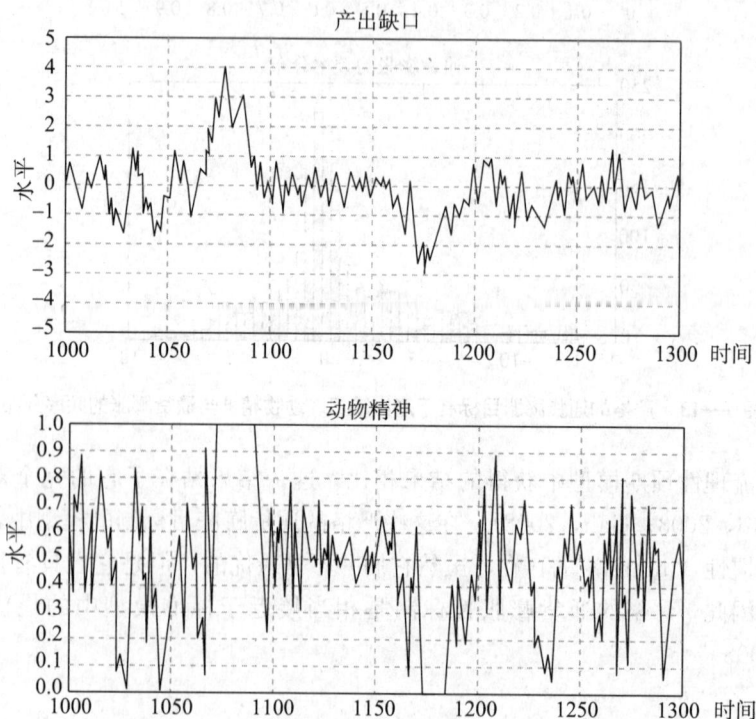

图 1—14　在无滞后模型中的产出缺口与动物精神

① 一个类似的信息惯性可参见贝尔等（Ball et al.，2005）与曼昆和瑞尔斯（Mankiw and Reis，2002）的文章。

从行为模型中得到的惯性也可以被称为信息惯性（informational interia）。与DSGE 模型相反，行为模型中的行为人面对着一个信息问题，他们并不完全了解冲击或传递的性质。他们试图通过应用试错学习规则来了解它，但是他们永远不能实现完全了解世界的复杂性的目的。这一认知问题产生了产出与价格中的惯性。因此，人们从这两个模型中获得了截然不同的经济周期理论。[①]

1.13　宏观经济学文献中的动物精神

本节中列举的行为经济学模型并不是第一个将动物精神正式化的模型。事实上，有大量的文献都以不同的方式来达到这一目的。在这一节中，我们将把我们的方法与这些不同的文献流派相比较。

首先，有一个重要的文献流派，它们产生了含有太阳黑子（sunspot）均衡的模型。这个文献流派始于希尔（Shell，1977）与安沙瑞达斯（Azariadis，1981），并且包含安沙瑞达斯和高斯尼瑞（Azariadis and Guesnerie，1986）的文献。含有太阳黑子均衡的模型也可以在 RBC 框架中（Benhabib and Farmer，1994；Farmer and Guo，1994）与新凯恩斯框架（Clarida et al.，2000）中被找到。在这些模型中存在多重解（RE solution），它们包含取决于外部变量（太阳黑子）的"自我实现"解（"self-fulfilling" solutions）。这些模型为动物精神的建模提供了一个完全理性的方式。

产生总体不确定性（global indeterminacies）的模型给出了一系列非常相似的文献。霍维特与麦阿菲（Howitt and McAfee，1992）、伊万斯等（Evans et al.，1998），以及伊万斯和霍卡费加（Evans and Honkapohja，2001）发展了含有外部性的模型，这些外部性引起了多重稳定状态。在这些文献所示的均衡中，存在高活跃性均衡状态与低活跃性状态间的随机转变（或者，在伊万斯、霍卡费加和罗默的论文中，存在高增长率与低增长率间的随机转变）。这些模型中的理性预期解取决于一个外生的、双稳态的马尔可夫变量，该变量对预期起了协调作用，并且引发了高（乐观主义）状态与低（悲观主义）状态间的转变。[②]

---

① 这里提到的对直觉推断模型的批评可能会争辩，理性模型与行为模型的比较对理性模型而言是不公平的。的确，直觉推断模型产生惯性的原因是对不同直觉推断过程的评价和选择是后向（backward looking）的。这是行为模型为什么在生成惯性的传播过程中不需要滞后的原因。但是，人们可能要争辩这一评价和选择过程只能是后向的，并且作为一个结果，表现在行为模型中的滞后是在该模型的逻辑之内的。这与在理性模型中引入的滞后相反：它们来源于模型外部。参见米兰尼（Milani，2007b）的文章，他通过比较 DSGE 模型与学习模型而得到了相似的观点。

② 值得注意的是，在这些模型中的每一个中，波动也可以作为有限理性学习过程的结果。另一个产生内生波动的尝试可以在科兹（Kurz，1994），以及科兹与墨脱里斯（Kurz and Motolese，2011）的论文中被找到。

这些多重均衡模型的共同特征是都存在一个导致在不同均衡状态间转变的外生过程。因此，当动物精神在某些模型中出现时，它们是外生驱动的。本章列举的模型与那些不依赖于外生太阳黑子的多重均衡模型是不同的，其经济波动反而受模型所固有的随机（白噪声）冲击的驱动。这些白噪声冲击以一种内生方式被转换进入动物精神。

34　　　后者也是伊万斯和霍卡费加（Evans and Honkapohja，2001）所提到的情况，在这种情况下，波动受产出冲击的驱动，学习规则也会导致均衡间的偶然转变。但是，我们的模型与这种情况不同，也与之前的模型（其中，在理性预期下并不存在多重均衡）不同。反而，多重性（multiplicity）是行为人可以选择的一系列有限制的预测规则的结果。

我们的模型最接近于布兰茨与伊万斯（Branch and Evans，2007）的研究，他们也使用了一个普通货币模型中的离散选择框架，并且发现了由模型中的冲击驱动的制度—转变行为。正如行为人偶然地从使用一种预测规则转向使用另一种预测规则一样，预期间的转变是自我实现现象的一种。在布兰茨与伊万斯（Branch and Evans，2007）的模型中存在理性预期下的唯一均衡，但是由于行为人必须在两个错定的（misspecified）模型间进行选择，所以存在多重均衡（即作者小心地定义的一种类型）。在离散选择类型的实时更新下，这使得制度—转变行为会随着时间的推移而发生。但是，在布兰茨与伊万斯（Branch and Evans，2007）的研究中，转变是在高波动性制度与低波动性制度间发生的，此时我们的模型也在高活跃性状态与低活跃性状态间转变，从而产生一阶经济周期效应。

1.14　结论

在主流新凯恩斯理性预期模型中，只有在需求、供给或政策环境中存在大幅外生冲击时，产出与价格的大幅扰动才会发生。如果没有这些外生冲击，那么理性与掌握充分信息的行为人会和平地进行最优化。由于价格与工资的刚性，他们必须在处理这些时有所等待，但是最后，他们满足于其预期的计划。只有龙卷风一样的外部冲击可以扰乱这一平静的环境。

本章所提出的这一模型非常不同。它能够产生大规模的产出的波动（繁荣与萧条），而不需要依赖于强烈的外生冲击。我们假设贯穿于本章的外生扰动是服从正态分布的。然而，行为模型能够产生并不服从正态分布的、存在厚尾的产出波动。这些产出的大规模波动的概率高于正态分布预测的概率。

产生这些波动的基础机制是内生的乐观主义与悲观主义波动（动物精神）和具有一种自我实现性质的波动。我们发现在动物精神保持平静的时期之后，会（不可预测地）出现由动物精神起主导作用的时期，也就是说，乐观主义与悲观主义的大规模波动使得经济经历了一个繁荣与萧条的时期。

因此，我们的行为模型产生了一个经济周期理论，它与标准的新凯恩斯理性预期模型非常不同。在后一个模型中，产出的繁荣与萧条通常是大规模外部冲击的结果。2007 年 8 月开始的金融危机与随后的严重衰退因 2007 年的一个突然性的外部 *35* 冲击而产生，就像龙卷风一样，在金融市场与宏观经济中产生了一场浩劫。事实上，现在对于建模者来说，通过在风险厌恶（并由此在风险溢价（risk premium））中引入一个外生的增量来模拟金融危机在经济中的后果，正是一种标准的实践。[①] 与之相反，本章所述的行为模型能够产生内生的繁荣与萧条。该模型认为 2007 年到 2008 年的萧条是繁荣的结果，这一繁荣由之前的过度乐观主义所产生。

在本章中，我们始终假设小幅的、服从正态分布的冲击，以强调模型具备产生大规模的、服从非正态分布的产出波动的能力。在实际世界中，大规模的外生冲击确实会发生。作为其结果，产出与价格的波动通常是内生动态与外部扰动的混合体。因此，在下一章中，我们将分析外部冲击如何传递到行为模型中去。

附录 1：校准模型的参数取值
36

行为模型

pstar=0;	%中央银行的通货膨胀目标
a1=0.5;	%产出方程中的预期产出系数
a2=−0.2;	%a 是产出需求的利率弹性
b1=0.5;	%b1 是通货膨胀方程中预期通货膨胀系数
b2=0.05;	%b2 是通货膨胀方程中的产出系数
c1=1.5;	%c1 是泰勒方程中的通货膨胀系数
c2=0.5;	%c2 是泰勒方程中的产出系数
c3=0.5;	%泰勒方程中的利率平滑参数
beta=1;	%信念中的固定分歧
delta=2;	%信念分歧的变量组成
gamma=1;	%选择参数强度
sigma1=0.5;	%产出的标准偏差冲击
sigma2=0.5;	%通货膨胀的标准偏差冲击
sigma3=0.5;	%泰勒方程的标准偏差冲击

---

① 有意思的是，当主要银行家在 2010 年 1 月的美国国会听证会上被提问时，这也是他们的观点。这些银行家使用诸如一场完美风暴与一场龙卷风的比喻来描述金融危机的原因。

```
rho＝0.5;          %rho 衡量在均方误差（记忆参数）中的权重递减速度
```

理性模型

```
pstar＝0;          %中央银行的通货膨胀目标
a1＝0.5;           %产出方程中的预期产出系数
a2＝−0.2;          %a 是产出需求的利率弹性
b1＝0.5;           %b1 是通货膨胀方程中预期通货膨胀系数
b2＝0.05;          %b2 是通货膨胀方程中的产出系数
c1＝1.5;           %c1 是泰勒方程中的通货膨胀系数
c2＝0.5;           %c2 是泰勒方程中的产出系数
c3＝0.5;           %泰勒方程中的利率平滑参数
sigma1＝0.5;       %产出的标准偏差冲击
sigma2＝0.5;       %通货膨胀的标准偏差冲击
sigma3＝0.5;       %泰勒方程的标准偏差冲击
```

附录 2：行为模型的 matlab 代码

%%模型的参数

```
mm＝1;             %Brock Hommes 中的转换参数
pstar＝0;          %中央银行的通货膨胀目标
eprational＝0;     %当所有行为人都对通货膨胀进行理性预测时，该参数为1
epextrapol＝0;     %当所有行为人都使用通货膨胀外推法时，该参数为1
a1＝0.5;           %产出方程中的预期产出系数
a2＝−0.2;          %a 是产出需求的利率弹性
b1＝0.5;           %b1 是通货膨胀方程中的预期通货膨胀系数
b2＝0.05;          %b2 是通货膨胀方程中的产出系数
c1＝1.5;           %c1 是泰勒方程中的通货膨胀系数
c2＝0.5;           %c2 是泰勒方程中的产出系数
c3＝0.5;           %泰勒方程中的利率平滑参数
A＝ [1−b2；−a2 * c1 1−a2 * c2];
B＝ [b1 0；−a2 a1];
C＝ [1−b1 0；0 1−a1];
T＝2 000;
TI＝250;
K＝50;             %计算分歧的时期长度
```

```
sigma1＝0.5;        ％产出的标准偏差冲击
sigma2＝0.5;        ％通货膨胀的标准偏差冲击
sigma3＝0.5;        ％泰勒方程的标准偏差冲击
rho＝0.5;           ％rho 衡量在均方误差（记忆参数）中的权重递减速度
rhoout＝0.5;        ％均方误差中的 rho
rhoinf＝0.0;        ％产出冲击中的 rho
rhoinf＝0.0;        ％通货膨胀冲击中的 rho
rhotayl＝0.0;       ％泰勒方程冲击中的 rho
rhoBH＝0.0;
epfs＝pstar;        ％预测的通货膨胀目标
p＝zeros (T, 1);
y＝zeros (T, 1);
plagt＝zeros (T, 1);
ylagt＝zeros (T, 1);
r＝zeros (T, 1);
epf＝zeros (T, 1);
epc＝zeros (T, 1);
ep＝zeros (T, 1);
ey＝zeros (T, 1);
CRp＝zeros (T, 1);
FRp＝zeros (T, 1);
alfapt＝ zeros (T, 1);
eyfunt＝ zeros (T, 1);
CRy＝ zeros (T, 1);
Fry＝ zeros (T, 1);
alfayt＝ zeros (T, 1);
anspirits＝ zeros (T, 1);
epsilont＝ zeros (T, 1);
etat＝ zeros (T, 1);
ut ＝zeros (T, 1);
％％％％％％％
％ 行为模型 ％
％％％％％％％
alfap＝0.5;
alfay＝0.5;
K1＝K＋1;
```

38

```
for t=2: T
    epsolont (t) =rhoout * epsilon (t-1) +sigma1 * randn;
                        %产出方程中的冲击（需求冲击）
    etat (t) =rhoinf * etat (t-1) +sigma2 * randn;
                        %通货膨胀方程中的冲击（供给冲击）
    ut (t) =rhotayl * ut (t-1) +sigma3 * randn;
                        %泰勒方程中的冲击（利率冲击）
    epsilon= epsolont (t);
    eta=etat (t);
    u=ut (t);
    shocks= [eta; a2 * u+ epsilon];
    epcs=p (t-1);
    if eprational=1;
      epcs=pstar;
    end
    eps=alfap * epcs+ (1- alfap) * epfs;
    if epextrapol=1;
      eps=p (t-1);
    end
    eychar=y (t-1);
    eyfun=0+randn/2;
    eyfunt (t) =eyfun;
    eys= alfap * eychar + (1- alfap) * eyfun;
    forecast= [eps; eys];
    plag=p (t-1);
    ylag=y (t-1);
    rlag=r (t-1);
    lag= [plag; ylag];
    smooth= [0; a2 * c3];
    D=B * forecast+C * lag+smooth * rlag+shocks;
    X=A * D;
    p (t) =X (1, 1);
    y (t) =X (2, 1);
    r (t) =c1 * p (t) +c2 * y (t) +c3 * r (t-1) +u;
     if square=1;
       r (t) =c1 * (p (t) ) ^2+c2 * y (t) +c3 * r (t-1) +u;
```

39

```
    end
      plagt (t) =p (t−1);
  ylagt (t) =y (t−1);
  CRp (t) =rho * CRp (t−1) − (1−rho) * (epcs−p (t) ) ^2;
  FRp (t) =rho * FRp (t−1) − (1−rho) * (epfs−p (t) ) ^2;
  CRy (t) =rho * CRp (t−1) − (1−rho) * (epchar−y (t) ) ^2;
  FRy (t) =rho * FRp (t−1) − (1−rho) * (epfun−y (t) ) ^2;
  alfap=rhoBH * alfapt (t−1) + (1−rhoBH)
              * exp (mm * CRp (t) ) / (exp (mm * CRp (t) ) + (exp
              (mm * FRp (t) ) );
  alfay=rhoBH * alfayt (t−1) + (1−rhoBH)
              * exp (mm * CRy (t) ) / (exp (mm * CRy (t) ) + (exp
              (mm * FRy (t) ) );
  alfapt (t) =alfap;
  alfayt (t) =alfay;
      if eychar>0;
        anspirits (t) =alfay;
      end
      if eychar<0;
        anspirits (t) =1−alfay;
      end
  end
  autocory=corrcoef (y, ylagt);
  autocorp=corrcoef (p, plagt);
  coroutputanimal=corr (y, anspirits);
  %%均值、中位数、最大值、最小值、标准差、峰态
  Kurt=kurtosis (y);
  %%峰度—偏度检验
  [jb, pvalue, jbstat] =jbtest (y, 0.05);
```

附录 3：主流宏观经济学的几种思想

40

在宏观经济学领域中，惊人的进展之一是前向效用最大化范式（paradigm）与宏观经济模型中具有完全信息的行为人的系统结合。这一进展起源于 20 世纪 70 年代的理性预期革命，它告诉我们仅仅当行为人的预期与模型的基础结构相一致时，

宏观经济模型才能被接受。实际经济周期（real business cycle，RBC）理论引入了"宏观模型应当具备'微观基础'"的观点。也就是说，宏观模型应当以动态效用最大化为基础（Kydland and Prescott，1982）。当 RBC 模型不能容纳价格刚性与其他惯性时（也就是它们为什么被称为新古典模型的原因），新凯恩斯学派就系统地将不同种类的刚性引入具有相似微观基础的模型中。这些进展在最近几十年间出现在学术的"象牙塔"中，直到最近几年，这些模型才通过成为中央银行会议室中的分析工具在实证中被使用。这些进展中最为成功的实现可以在随机动态一般均衡模型中被找到，该模型也越来越广泛地被中央银行用于政策分析（Smets and Wouters，2003；Christiano et al.，2001；Smets and Wouters，2007；Adjemain et al.，2007）。

出于以下原因，这些进展才能够被称为是惊人的：首先，虽然宏观经济理论非常支持"行为人完全理解他们所操作的潜在的模型的结构"的观点，但是其他学科——像心理学与神经学（neurology）——却不断发现个体的认知局限（Damasio，2003；Kahneman，2002；Camerer et al.，2005）。我们从这些学科中得知，行为人仅仅能理解他们生活的世界中的一小部分，并且行为人使用简单的法则（直觉推断）来指导他们的行为以及预测未来，而不是在将所有可获得的信息都考虑在内的前提下，持续地实施最大化。这就提出了一个问题：（已经成为标准理论的）具有微观基础的宏观经济理论是否很好地植根于科学之中？

其次，在一般意义上，在宏观经济建模的进展中，经济学的其他分支（如博弈论与实验经济学）逐渐认识到有必要植入行为人在理解世界时的局限。这使得模型远离理性预期的范式（Thaler，1994）。

标准宏观经济学是不受这些进展的影响的。事实上，在萨金特（Sargent，1993）和伊万斯、宏卡博卡（Evans and Honkapokia，2001）的推动下，曾经尝试过在宏观经济模型中引入以下观点：应当假设行为人比计量经济学家（econometricians）更加聪明，因为随着时间的流逝，行为人不断地了解潜在的模型，所以我们应该在此基础上进行建模。这导致了学习被引入宏观经济学。但是，到目前为止，在宏观经济学中所植入的学习几乎没有在标准宏观经济学模型与 DSGE 模型中留下痕迹。

理性预期的貌似可信性与实证有效性

新凯恩斯理性预期模型体现了现代宏观经济学的两个核心原则：第一个原则是宏观经济学模型应该基于一个代表性行为人的动态效用最大化。第二个原则是预期应当是模型一致（model-consistent）的，这意味着行为人基于嵌入模型中的信息来进行预测。反过来说，这一观点也意味着行为人对潜在的模型的结构有完全的理解。

毋庸置疑的是，与之前的宏观经济学模型相比，这种宏观经济学方法有着重要的优点。其主要优点是：它能够提供一个一致的并且自我包含（self-contain）的分析框架。这种分析框架拥有强大的智力诉求（intellectual appeal），该智力诉求使得模型中无须使用关于行为人如何行为以及如何预测的特别假设。

但是，模型的科学有效性不应该基于其逻辑一致性或智力诉求。科学有效性只能根据其做出（不能被数据所拒绝的）实证预测的能力来进行评价。如果不能做到这一点，那么即使具备一致性与智力诉求的模型也应当被舍弃。在我们将注意力转向基于动态效用最大化与理性预期的模型的实证有效性之前，DSGE 模型的科学有效性是当前最突出的例子，我们要分析这些模型中关于人类行为潜在假设的貌似可信性。

大量的文献描述了行为人在了解潜在经济模型的性质的前提下对最大化范式的背离（deviation）。相关的研究参见卡尼曼与塞勒（Kahneman and Thaler，2006）以及戴拉·维纳（Della Vigna，2007）。其中一些文献质疑效用最大化是行为人的行为的观点（参见 Kirchgässner（2008）关于该观点如何影响社会科学的分析）。许多背离已经被发现。一个著名的例子是框架效应（framing effect），行为人在其决策过程中通常被其选择的框定方式所影响（Tversky and Kahneman，1981）。另一个著名的对标准模型的背离是行为人似乎不将损失或收益依附于相同的效用值。这驱使卡尼曼与特维斯基（Kahneman and Tversky，1973）提出了前景理论——作为在不确定性下对标准效用最大化的一个替代。

我们在这里无意顾及对标准效用最大化模型的背离，这主要是因为许多（并不是所有）异象可以被特定的效用函数合理地解释。我们关注的是理性预期假设的貌似可信性和逻辑含义，也就是说，行为人对模型潜在性质的理解。

毫不夸张地说，关于个体行为人面临严重的认知问题，从而限制行为人理解与处理（他们所获得的）信息的复杂性的观点，现在已有不容置疑的证据。

许多挑战了理性预期假说的异象已被发现（参见 Thaler（1994）关于这些异象的讨论；也可以参见 Camerer 和 Lovallo（1990）以及 Della Vigna（2007））。我们在此仅仅提及锚定效应（anchoring effects），即不能完全理解他们所生活的世界的行为人，在利用信息上，在专注于所理解的信息上，都具有高度的选择性。锚定效应解释了为什么行为人通常夸大最近的价格波动。

一般而言，行为人面临的认知问题使得他们使用简单的法则（直觉推断）去指导他们的行为（Gabaix et al.，2006）。行为人这样做不是因为他们是非理性的，而是因为世界的复杂性是势不可挡的。在某种程度上可以说，对于意识到自身对世界的理解能力是有限的的行为人来说，使用直觉推断是一种理性反应。当我们试图对直觉推断进行建模时，面临的挑战是在选择的规则中引入惩戒，以避免"一切都可能发生"。

如果行为人了解潜在模型的结构，那么所有行为人都是同质的。他们都使用相同的信息集（包括植入潜在模型的信息）。作为结果，DSGE 模型通常将分析限定为以一个代表性行为人去完全描述模型中所有行为人是如何处理信息的。在这些模型中，利用和处理信息的过程是没有异质性的。这就在他们分析短期和中期宏观经济问题的过程中剥离出基于理性预期的模型（Solow，2005；Colander et al.，2008）[①]。

至此，可以公平地得出结论：科学证据质疑了 DSGE 模型中关于个体行为人的行为的主要假设的貌似可信性，即理解在其操纵下的经济模型的能力和处理提取于这一模型的复杂信息的能力。相反地，科学证据说明个体行为人不能具备这些能力，并且他们依赖的规则是仅仅使用可用信息中的一小部分。

人们可以在此反对这一观点，并争辩：一个模型不能以其假设的貌似可信性来评判，而应该依据其做出强有力的实证预测的能力来评价。因而，在信息假设中，除了显而易见的非貌似可信性之外，如果这个宏观经济学模型能够做出正确的预测，那么基于理性预期的宏观经济学模型仍然是强有力的。这种总是被米尔顿·弗里德曼所强调的论证是完全正确的。它质疑了一般理性宏观模型，尤其是 DSGE 模型的实证有效性问题。

在这一章中，我们讨论了 DSGE 模型预测一种动态时出现的错误，即预测的动态接近于观察到的产出波动的动态，除非这是为了假设在误差项中不能解释的动态实际上是一股驱动另外的恰当模型的外生力量。标准 DSGE 模型的这一问题也已经被克莱尔等（Chari et al.，2009）所指出，他们认为大多数由标准 DSGE 模型所产生的动态（Smets and Wouter，2003）来源于自回归的误差项，也就是说，来自模型之外。

源自这种实证错误的正确结论应当是去质疑模型的潜在的假设。但是出人意料的是，这已经被 DSGE 模型的建模者做了，这些建模者在理性的存在和完全信息行为人方面一直保持着他们的信念。

那么，问题变成了在现有的 DSGE 模型中，偏离完全理性行为人的范式的程度如何。这导致以下问题：接受"行为人的行为被直觉推断所指导"是否更加合理？在最初就将直觉推断植入模型，而不是假设行为人是完全理性的，依靠统计技术的非透明方式来提高模型的拟合度，是否更加合理？

自顶向下与自底向上的模型

为了理解不同宏观经济学模型的性质，对自顶向下系统与自底向上系统做出区分是十分有益的。在一般定义中，自顶向下的系统意味着一个或多个行为人完全理解系统。这些行为人能够将整个系统展现在一张蓝图上，并将其储存在记忆中。根

---

① 在理性预期模型中，曾经尝试对处理信息的异质性进行建模——主要在资产市场模型中已经取得了进展。典型地，在这些模型中假设某些行为人是具有完全信息的（理性的），而其他行为人，即噪音交易者，是非完全信息的（De Long et al.，1990）。

据他们在系统中的位置，行为人能够利用蓝图去接受命令，或者他们可以利用蓝图来最优化其私人福利。这也就是存在"对植入系统的信息与包含在行为人大脑中的信息的一对一映射"的系统。自顶向下系统的一个例子是一个建筑物，它一方面可以在一张蓝图上被表示，另一方面也可以被建筑师所完全理解。

　　自底向上系统在性质上与前者完全不同。这是一种没有一个个体理解整张蓝图的系统。每一个个体仅仅了解整体中非常小的一部分。许多现存的系统遵循自底向上的逻辑（参见 Dawkin（2009）对胚胎生长的完美描述）。市场系统也是一个自底向上系统。对自底向上系统最好的描述仍然是由哈耶克（Hayek，1945）做出的。哈耶克认为，不存在有能力完全理解一个复杂的市场系统的个体。相反，个体仅仅能理解全部信息的一小部分。市场的主要功能由多种多样的信息集合而成。如果个体有能力了解整个景象，那么我们就不需要市场了。这也就是哈耶克对"社会主义"经济学家的批评——社会主义经济学家认为中央计划者能够了解整个景象，并因此能够计算出最优价格的整个集合，从而使市场系统变得多余（更进一步的分析参见 Leijonhufvud（1993））。

　　之前的讨论得到了一个有意思并且令人意外的观点。使用理性预期假设的宏观经济学模型在理智上继承了这些中央计划模型。这是在个体像中央计划者那样能够理解整张蓝图的意义上的继承。在这些理性预期模型中，不仅假设个体知道经济的复杂结构，而且假设他们了解对经济有影响的所有冲击的统计分布。这些个体将通过使用这些超凡的信息使其私人福利达到"最优的最优化"（optimum optimorum）。在这个意义上，它们就是自顶向下的模型。

44

第2章 冲击的传递

2.1 引言

经济总是持续性地受冲击的影响。因此，探求这些冲击如何在经济中传递也是十分重要的。在之前的章节中，我们已经论证过，在主流的理性预期宏观经济学模型中，只有外生冲击能够解释产出与通货膨胀的波动。在我们的行为模型中，存在一个能够解释产出与通货膨胀波动的重要的内生动态。在这一章中，我们将分析这些内生动态如何影响外生干扰的传递过程——我们将通过分析不同的冲击来达到这一目的。首先我们将关注生产力冲击（productivity shocks），然后考察利率冲击（interest rate shocks），最后研究财政政策冲击（fiscal policy shock）。

2.2 一个正向生产力冲击的传递

为了分析一个冲击如何在经济中传递，我们的方法是计算脉冲响应方程（impulse response function）。它描述了内生变量（产出缺口、通货膨胀）在冲击出现后的变动轨迹。为了达到这一目的，我们模拟出这些内生变量的两个序列：一个是未受冲击的序列（基准序列（baseline series））；另一个是遭受冲击的序列。然后我们用第二个序列减去第一个序列就产生了一个新序列。[①] 脉冲响应表明了遭受冲击后的内生变量是如何相对于基准演化的。这些脉冲响应可以被称为"增加值"（multiplier），也就是说，产出与通货膨胀对冲击的响应除以冲击本身（这也是在供给方程中对误差项的一个标准偏离）。

行为模型是非线性的。因此，在后冲击时期，我们应持续性地考虑随机干扰（random disturbance）。脉冲响应衡量了在随机干扰都相同的环境下，遭受冲击后的内生变量对外生冲击的响应。

在模拟实践中，本章对随机干扰的 500 次不同实现进行了 500 次重复。随后，平均的脉冲响应与标准差一同被计算出来。我们定义生产力冲击是对总供给方程中随机干扰项的 1 单位标准差的冲击。图 2—1 表明了平均响应[②]（实线）与对平均响应 ±2 单位标准差的偏离（虚线）。值得注意的是，我们在 100 期之后引入了冲击。 *46*

从图 2—1 中可以得出几个结论：第一，正向的生产力冲击具有预期的宏观经济学效应。在短期中，产出缺口增大而通货膨胀率降低；另外，利率也降低。这是因为中央银行遵循泰勒法则，即利率与通货膨胀相联系的权重比与产出缺口相联系的权重要大得多（通货膨胀参数为 1.5 而产出缺口参数为 0.5）。因而，随着通货膨胀率的降低，中央银行降低利率，以达到把通货膨胀拉回其目标水平的目的。第二，在长期中，这些效应倾向于消失。但是，值得注意的是，在长期均衡中，冲击后的产出水平会永久地上升（因为生产力冲击会提高潜在产出（capacity output）的水平）。第三，最重要的是，生产力冲击的短期效应中存在大范围的偏离。这可以从对平均响应 ±2 单位标准差的偏离与平均响应的距离非常大看出。因而，预测相同的生产力冲击在短期如何影响产出缺口与通货膨胀是十分困难的。这种不确定性也可以被短期中生产力冲击的产出缺口与通货膨胀效应的频率分布所描述（见图 2—2）。我们将短期定义为 6 个时期（大约半年的时间）。相同生产力冲击的影响效应存在差异，并且这种差异是惊人的：对于产出缺口，冲击效应在 0.4％ 到 1.6％ 的范围内波动；对于通货膨胀，冲击效应在 −0.1％ 到 −1.5％ 的范围内波动。 *47*

---

① 新序列即脉冲响应序列。——译者

② 这里的平均响应是指平均的脉冲响应曲线。——译者

我们还指出，这些短期效应的统计分布不服从正态分布，并显示出厚尾的特征。因而相同的生产力冲击能够导致强烈的边远效应（outlying effect）。短期效应的非正态分布提高了这些效应的不可预测性。因此，冲击的传递被不确定性的面纱所覆盖。

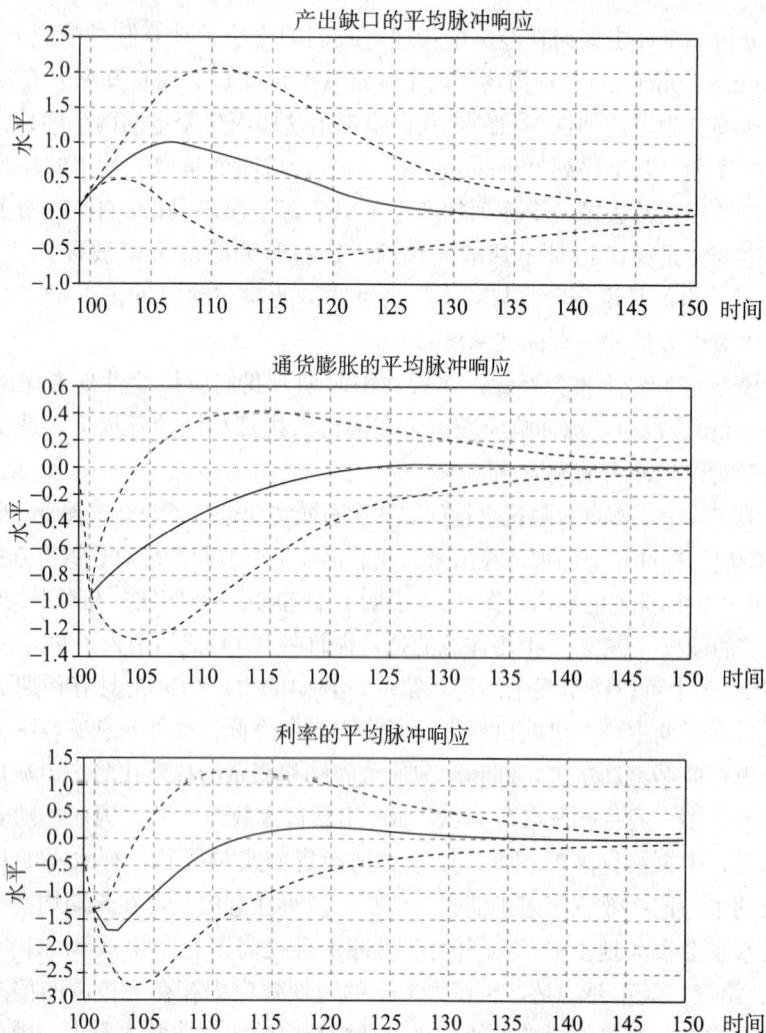

图2—1 一个正向生产力冲击下的产出缺口、通货膨胀与利率的平均脉冲响应

不确定性从何而来？它并非来源于参数的不确定性，因为在构造我们所有的脉冲响应时，所使用的参数是相同的。答案是，在行为模型中，冲击的每一次实现都产生了乐观主义与悲观主义（动物精神）的不同波动。我们可以把它称为"市场情绪"（market sentiment）。因而，是在一次模拟中出现的一个冲击在一个不同的市场情绪中发生，而不是相同的冲击在另一次模拟中发生。另外，冲击本身会影响市场情绪。作为结果，相同生产力冲击的短期效应变得非常难以预测。

48

产出缺口短期响应的频率直方图　　　通货膨胀短期响应的频率直方图

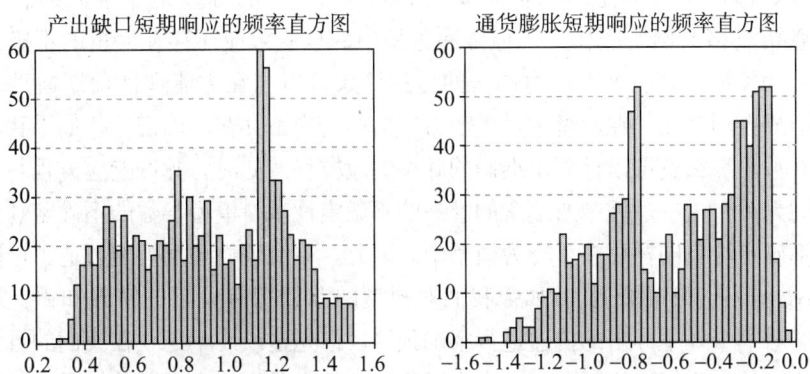

图 2—2　生产力冲击对产出缺口与通货膨胀短期效应的频率分布

注：图右上方的标题应为"短期通货膨胀响应的频率分布"。——译者

图 2—3 表明了这些市场情绪的重要性。横轴表示在生产力冲击发生后六期中动物精神指数的平均值（记得我们定义的短期效应是指冲击发生后六期内的效应）。纵轴分别表示短期的产出效应与通货膨胀效应。图 2—3 说明了在冲击发生后的调整期（含冲击发生期在内）中市场情绪盛行程度与生产力冲击短期效应的大小之间的关系。其关系最惊人的是动物精神可以在很大程度上解释生产力冲击效应的强度。这一点在图 2—3 的左半部分中得到了明显的体现，在图 2—3 的右半部分中也有一定的体现。我们观察到：当不存在强烈的乐观主义或悲观主义市场情绪时，短期产出效应平均为 0.6；当市场转向极度乐观主义或悲观主义时，相同生产力冲击的短期产出效应约为前者的两倍，也就是 1.2。因此，这表明动物精神增强了给定生产力冲击的短期效应。当乐观主义盛行时，一个正向的生产力冲击会创造出比在市场情绪中立状态时（动物精神指数为 0.5）更大程度的经济繁荣。相似地，当悲观主义盛行时，正向的生产力冲击创造出了强烈的正产出效应，该产出效应快速地结束了悲观主义时期。

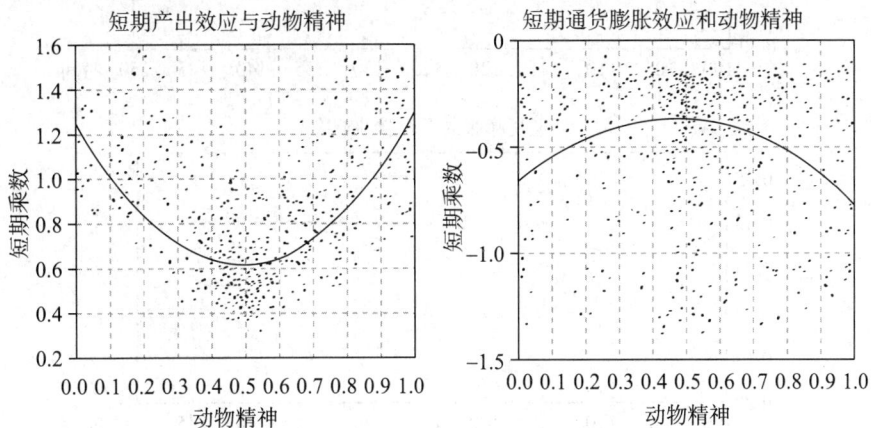

短期产出效应与动物精神　　　　　短期通货膨胀效应和动物精神

图 2—3　基于市场情绪的生产力冲击效应

但是，值得注意的是，拟合曲线（fitted curve）的方差是非常大的。这是因为，尽管市场情绪确实起作用，但传递过程中的这些效应还存在大量的不确定性。

在行为模型中，一个生产力冲击的传递结果可以与在主流理性预期模型中获得的结果形成强烈对比。在后者中，生产力冲击的传递不存在不确定性。如果我们知道模型的参数，那么就可以计算出准确的脉冲响应方程。此时，脉冲响应方程与冲击发生的时间无关，这一过程中所蕴含的唯一的不确定性来自模型参数的不确定性。但是参数的不确定性也同样存在于行为模型中。因此，主流理性预期模型创造了过度精度（excessive precision）的幻觉。如果我们对模型的参数拥有大量的精确知识，那么我们就能够对一个外生冲击的传递进行精确预测。但是这或许不是"在我们的行为模型中，动物精神（市场情绪）的存在产生了传递中的大量不确定性"的情况。

2.3　利率冲击的传递

在这一节中，我们关注"一个利率冲击如何在经济中传递"的问题。我们使用与2.2节相同的技术，也就是说，我们计算一个正向利率冲击的脉冲响应，定义1单位的利率提高等价于对泰勒方程中随机干扰项1单位标准差的正向偏离。我们用图2—4与图2—5表示结果。

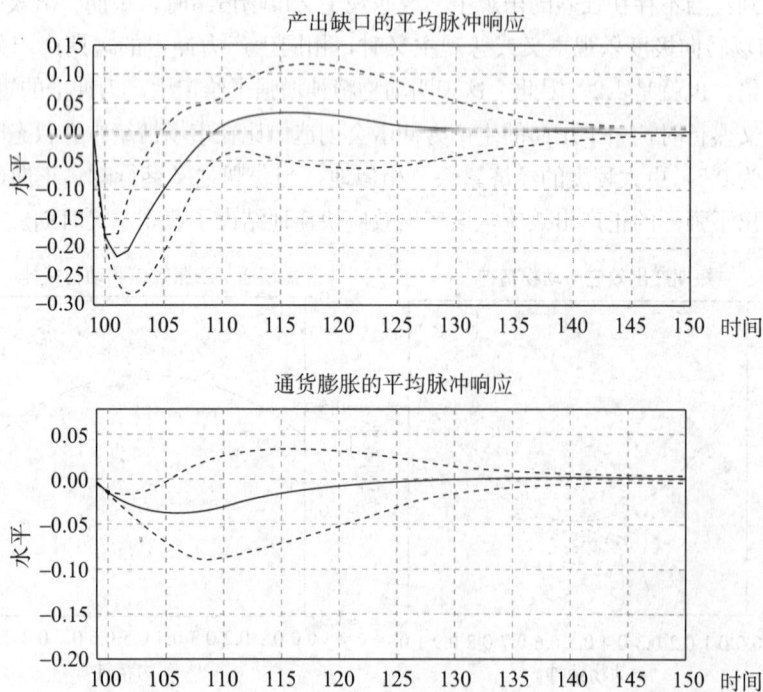

图2—4　正向利率冲击的脉冲响应

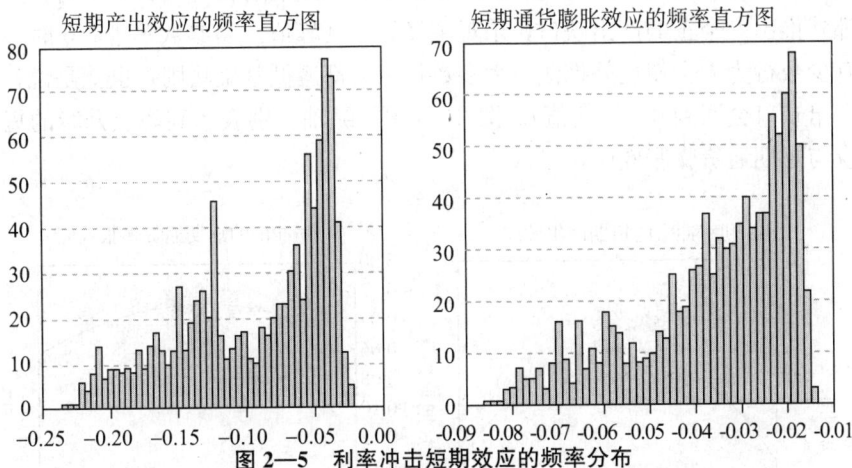

图 2—5 利率冲击短期效应的频率分布

脉冲响应方程与短期效应的频率分布使用与前一节相同的方法计算而得。我们首先关注脉冲响应方程。我们发现（从主流模型中得出的）传统结果考虑了利率提高的效应。产出缺口随着利率的上升而减小，通货膨胀率随着利率的上升而降低。但是，前者的变化幅度更大。这与模型中工资、价格的刚性有关。

与 2.2 节一样，我们在利率提高的短期传递中发现可考虑的不确定性。它源于图 2—4 中平均脉冲响应以及短期效应的频率分布（见图 2—5）周围广泛的不确定性。后者并不服从正态分布，且显示出厚尾特征。这些频率分布的不规则性质（排除我们得到的脉冲响应 1 000 种不同计算结果的事实）意味着对一个利率冲击的短期产出效应及短期通货膨胀效应难以做出精确的概率声明（probabilistic statement）。

与 2.2 节一样，这里的不确定性不是来自参数的不确定性。相同的参数用于构造我们所有的脉冲响应。不确定性来源于以下事实：在行为模型中，冲击的每一次实现都创造了乐观主义与悲观主义（动物精神）的不同波动，它们影响着利率冲击的传递。这种不确定性与主流理性预期模型不同。在主流理性预期模型中，当模型的参数精度已知时，我们可以精确地知道货币政策的传递。

行为模型与主流新凯恩斯理性预期模型的不同在于：行为模型中，冲击发生的时间能够对冲击结果产生影响，相同的冲击在不同的时间发生能够对产出与通货膨胀产生非常不同的短期效应。换句话说就是历史在其中产生作用。这不是主流模型中会发生的情况：在主流模型中，无论冲击在何时发生，相同的利率冲击总是带来相同的效应。

值得注意的是，在长期中，脉冲响应的不确定性趋向于消失，正如在市场情绪中短期效应的不同也会消失一样。

最后，我们对"利率冲击的传递如何被市场情绪（动物精神）所影响"这一问题进行分析。我们使用与 2.2 节相同的程序得到图 2—6，其中横轴表示动物精神指数——它在 0 与 1 之间变化。当动物精神指数为 0 时，所有行为人都外推出一个负

51 的产出缺口，也就是说，悲观主义处于最高水平。当动物精神指数为1时，所有行为人都外推出一个正的产出缺口，乐观主义处于其峰值。当参数等于0.5时，事实上只有少数行为人会使用外推法，大多数行为人都遵循基础法则，也就是说，他们预期产出缺口会回到0（均衡值）。图2—6中的纵轴分别表示利率上升时的短期产出效应与短期通货膨胀效应。

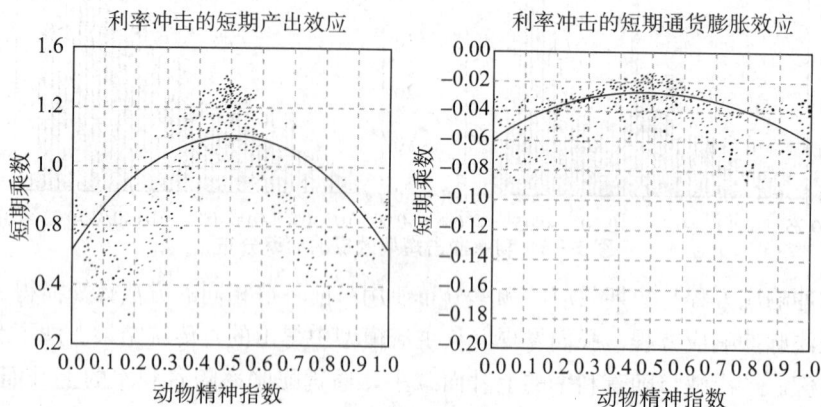

图2—6 基于市场情绪的货币政策效应

图2—6的结果引致出以下解释：第一，动物精神对相同利率冲击的短期产出效应有着很强的影响。一般而言，动物精神越强——乐观主义与悲观主义越强，利率冲击对产出的短期影响越强。相反地，当动物精神很弱的时候（指数接近0.5），这种影响也很弱。因而，当市场无论被乐观主义还是悲观主义主导时，货币当局的 52 利率工具（在短期）对产出都能产生极大影响，就像一个生产力冲击的情况，动物精神倾向于放大货币政策的短期效应。但是，这些效应在长期中倾向于消失。

第二，动物精神对货币政策改变通货膨胀的有效性的影响要弱得多。这可以从图2—6中的左右两图的对比中清楚地得知，即利率冲击在通货膨胀上的短期效应对动物精神具有低敏感度。

2.4 财政政策增加值：我们了解多少？

在2007—2008年金融危机爆发之后，主要国家的政府已经实施了大量的财政刺激政策。这引发了关于财政政策增加值大小的激烈讨论。在这些增加值的大小上，该争论（再一次）反映了经济学家们的观点分歧（Wieland et al., 2009）——认为对短期增加值的估计值从0到远大于1的观点都出现过。因此，出现了大量核心研究来探索这些（广泛的）不同估计的原因。

造成这些分歧的一个重要原因是使用植入不同先验（prior）的不同模型。例如，在含有理性预期行为人的主流宏观经济学模型中（新古典模型与新凯恩斯模型），财政政策增加值都非常小，这是由于这些模型通常含有李嘉图等价（Ricardian equivalence）的思想，也就是说，对于财政政策刺激（预算赤字）造成的预期税收增加，行为人将会增加储蓄（减少消费），以致 1 美元的政府支出被少于 1 美元的私人支出所抵消。在这些模型中，财政政策增加值趋近于 0。在凯恩斯模型中，财政政策的净刺激效应是留有余地的。因此，财政政策增加值的不同估计结果并不是"中性估计"，而是反映了在构造模型时植入模型中的理论先验与信念。

我们的行为模型使我们在财政政策效应的不确定性方面取得了进展。我们通过研究"由财政扩张产生的总需求正向冲击如何影响产出"来达到这个目的。而我们不会对财政政策给予过多的分析。我们的模型也不包含（可以达到这一目的的）政府支出与税收的细节。特别地，这回避了"额外的政府支出是如何融资"的问题，也就是说，通过税收债务融资的问题。[1] 我们对一个财政政策冲击进行建模——财政冲击仅仅是存在于需求方程中的一个冲击。即使在一个极端简单的模型中，该模型也允许我们忽视与"政府支出如何融资"有关的所有问题。

我们假设财政政策扩张发生在两种不同的货币政策制度下。在第一种制度下[2]，我们假设中央银行使用式（1—3）所示的标准泰勒规则。因此，在该制度下，财政政策扩张会自动导致中央银行提高利率。这一过程遵循以下事实：需求刺激导致产出增加，通货膨胀水平上升，而中央银行为了应对这一变化会提高利率。

在第二种制度下[3]，我们假设对于刺激引致的产出增加和通货膨胀水平上升，中央银行不会提高利率。我们之所以这样做，并不是因为这是现实，而是为了估计一个财政刺激的纯凯恩斯增加值效应。凯恩斯增加值通常在利率不变的假设下被估计，使得挤出效应（crowding out）不会发生。值得注意的是，它也是当经济处于流动性陷阱（liquidity trap）中时得到的增加值。

图 2—7 是在两种货币政策制度之下的财政政策刺激的结果，第一行的两幅图表示了在两种货币政策制度下的脉冲响应。财政刺激的瞬时效应在两种制度下是相同的。但是，与固定利率制的情况相比，在可变利率制的情况下，财政刺激的正效应减小得更快，并且处于负区域的部分更大。这并不令人奇怪，因为在可变利率制下，我们发现利率大体上是上升的（见第三行的两幅图），从而导致一个快速的挤出。

第二个重要区别有关财政刺激的产出效应规模的不确定性。正如图 2—7 第一行的两幅图说明的，脉冲响应的分歧在固定利率制中比在可变利率制中更大。这与图 2—7 第二行的两幅图所说明的结论相同——它们表示两种制度下短期产出效应的频率分布。我们能够观察到在固定利率制下，短期产出效应的传播范围更广。

---

[1] 关于这一模型，参见布兰查德与费舍尔（Blanchard and Fischer，1989）与罗默（Romer，2005）。
[2] 可变利率制。——译者
[3] 固定利率制。——译者

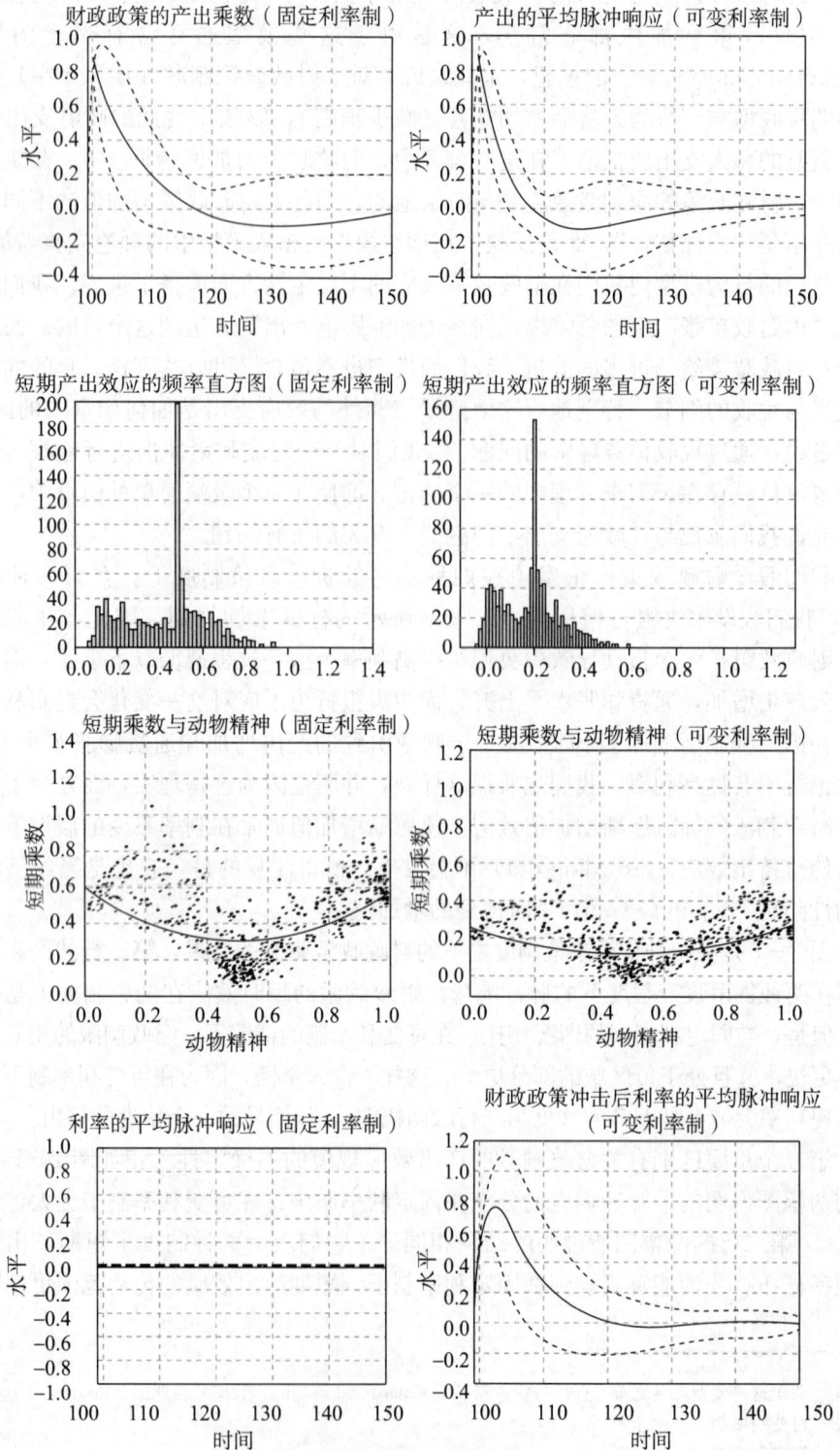

图 2—7　财政扩张之后的产出脉冲响应

原因在于图 2—7 第三行的两幅图，它们说明了短期产出效应对动物精神在固定利率制下比在可变利率制下更加敏感。因而，在可变利率制下，利率响应通过降低传递中的波动性减小动物精神对传递机制的影响。换句话说，当财政扩张的结果对于中央银行而言是提高利率时，它将会减小自身的扩张效应（expansionary effect），使得积极的动物精神更加不可能增强财政政策刺激的效果。

这一结果说明关于财政政策产出效应的规模可能存在非常大的不确定性。这些不确定性更多地由固定利率的凯恩斯方案所声明。这就是使财政政策变得更有效的假设。在我们的模型中，它也是造成这些效应规模的不确定性的假设。

这些区别也可以根据从同一冲击中获得的对长期财政政策增加值的比较进行说明。为了获得长期的增加值，我们将暂时性财政政策冲击之后的所有产出增加（与减少）进行加总。两种货币制度下的长期货币增加值见图 2—8。

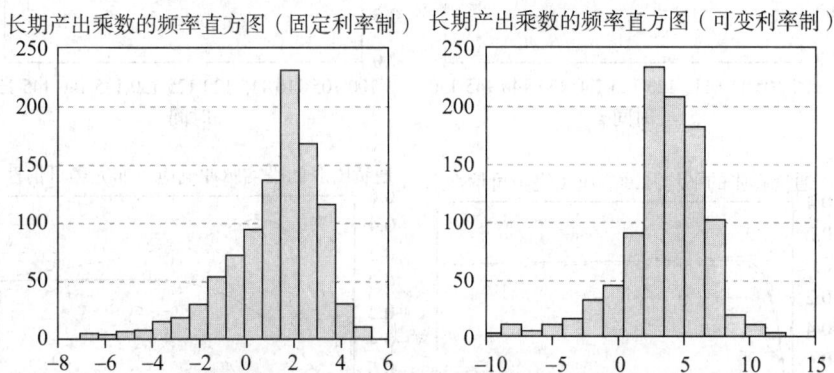

图 2—8　长期货币增加值：频率分布

由此可以得到两点结论。第一，正如我们所预期的那样，在固定利率制下的长期货币增加值远高于可变利率制下的增加值。第二，围绕长期增加值的不确定性是可考虑的，并且这种不确定性大多产生于固定利率制。

需要再次强调的是：这里的不确定性并不是围绕模型参数的不确定性。在所有这些刺激中，我们假设参数都相同。换句话说，不同的先验信念能够产生财政政策有效性的不确定性，但是，这里的不确定性不是由含有不同先验信念的不同模型产生的，而是初始条件（市场情绪）的不同造成的。这些不同的市场情绪对"相同的财政政策冲击在经济中的传递"具有显著影响。

2.5　在通货膨胀目标制的完美可信性下的传递

在先前的章节中，我们发现动物精神的出现也取决于货币制度。特别地，我们

56 发现当通货膨胀目标制完美可信时，动物精神形成经济周期的能力会大幅降低。这
    就产生了一个问题：完美可信的通货膨胀目标制是否能够严重影响冲击的传递？
        我们通过计算在通货膨胀目标主导的完美可信性假设下对外生冲击的脉冲响应
    来分析这个问题。我们首先说明对一个正向生产力冲击的脉冲响应（见图2—9）。

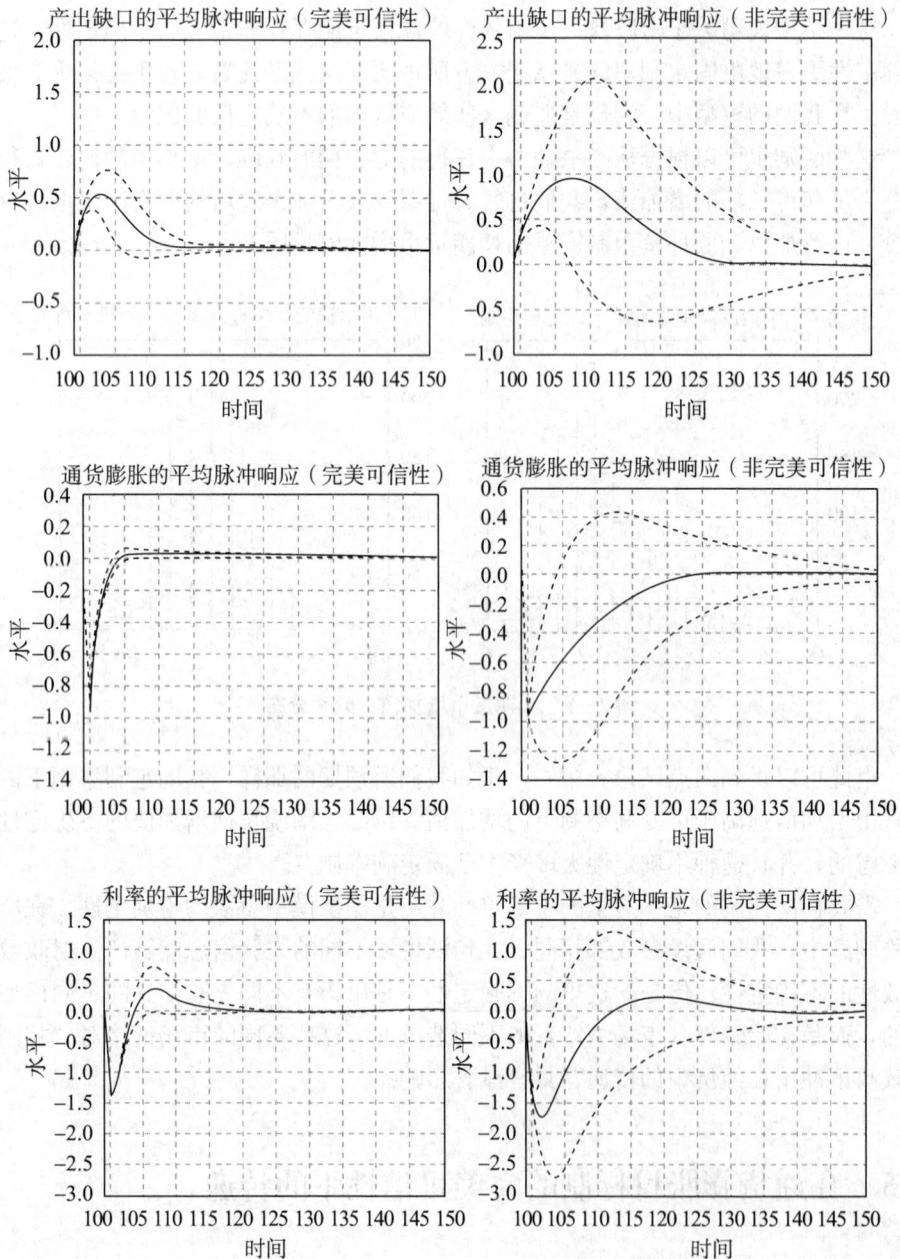

图2—9 一个正向生产力冲击的脉冲反应

与从非完美可信性中获得的脉冲响应（与图 2—1 所示的脉冲响应相同）相比，二者的区别是显著的。我们可以发现三个重要的区别：第一，在完美可信性下，生产力冲击在产出上的短期影响会大幅减小。这是由于动物精神的缺失使得外生冲击的放大效应（amplification effect）也消失了。第二，在完美可信性下，内生变量（产出缺口、通货膨胀、利率）回到其长期值所用的时间比在非完美可信性下大幅缩短。第三，在完美可信性下，围绕外生冲击短期效应的不确定性也大幅降低。从图 2—9 中我们可以观察到，在完美可信性下，脉冲响应路径比在非完美可信性下更加精确（标准差更小）。因此，与在非完美可信的通货膨胀目标制环境下相比，在完美可信的通货膨胀目标制环境下的外生冲击的效应能够被更加精确地预测。在这样一种货币制度下，奈特不确定性（Knightian uncertainty）变得不再流行，并且我们将回到可计量风险的世界。

57

第3章　产出波动性与通胀波动性之间的权衡

3.1　引言

　　现代宏观经济学模型——尤其是 DSGE 模型——为通货膨胀目标提供了学理基础。直到 2007 年金融危机的爆发，通货膨胀目标策略才成为现代中央银行应当接受的、无可争辩的政策框架。并且，大多数中央银行实际上都采用了这一框架。有人认为，这迈向通货膨胀目标的一步是宏观经济学成功的原因之一（Woodford，2009）。从现在开始，我们应当生活在一个更加稳定的宏观经济环境中，即一个"大稳定"中。为什么事情会变化得这么快呢？

　　当然，通货膨胀目标并不意味着产出稳定不具有任何地位。新凯恩斯主义的 DSGE 模型的建模者通常认为工资与价格的刚性为中央银行提供了一个稳定产出的依据（Clarida et al.，1999；Galí，2008）。该观点反映在灵活的通货膨胀目标制上（Svensson，1997；Woodford，2003）。由于刚性的存在，中央银行不应试图使通货膨胀在每时每刻都接近其目标。当足够大的冲击（足以使通货膨胀偏离其目标的冲击）发生时，中央银行采取的策略应使通货膨胀渐进地回归其目标。这里的依据是：在一个工资与价格刚性过大，以致不能使通货膨胀回到其目标的世界里，只有利率出现足够大的上升，才能导致产出出现足够大的下降。

但是，在 DSGE 模型中产出的稳定是非常有局限的。由于价格刚性的存在，价格波动能够在更长的时期中传播，所以稳定产出所需的代价是不断提高的。灵活的通货膨胀目标制中所讨论的产出稳定是基于具有稳定均衡特征的模型的。在这些模型中，不仅没有考虑均衡不稳定的可能性，而且没有考虑产出波动与价格刚性的成因有所不同的可能性。产出稳定的局限范围是否应该扩大？我们试图在这一章来回答这一问题。为了更好地阐释它，我们在行为模型的背景下引出产出波动性与通货膨胀波动性之间的权衡，并且做出一些政策结论。

3.2 构造权衡

产出波动性与通货膨胀波动性之间的权衡是用以下方式构造的。对模型进行1 000次模拟，并且平均产出波动性与通货膨胀波动性是依据泰勒规则参数的不同取值计算出来的。图 3—1 说明了随着泰勒规则中产出系数 c_2 从 0 变到 1，产出波动性（图 3—1 中上半部分）与通货膨胀波动性（图 3—1 中下半部分）的变化。每一条曲线都代表泰勒规则中通货膨胀系数 c_1 不同取值的结果。

图 3—1 上半部分说明产出波动性的演变产生了预期的结果，也就是说，随着产出系数（c_2）的增大（即通货膨胀目标变得不那么严格），产出波动性趋向于降低。因而我们认为，产出波动性的降低归因于以更高的通货膨胀波动性为代价的、更活跃的稳定性。这也是通常能在主流新凯恩斯主义理性预期模型中能够发现的结论（Gali，2008）。但是，这一结论不能在图 3—1 下半部分中观察到。在图 3—1 下半部分中，我们发现这些关系是非线性的。随着产出系数从 0 开始增大，通货膨胀波动性在最初的阶段会下降。仅当产出系数超过某一确定值（0.6～0.8）时，通货膨胀波动性才开始提高。因此，当经济远离严格的通货膨胀目标（$c_2 = 0$），并且注重某种程度的产出稳定时，中央银行能够同时降低产出波动性与通货膨胀波动性。值得注意的是，过度的产出稳定会使这种关系反向，并提高通货膨胀波动性。

图 3—1 允许我们构造产出波动性与通胀波动性之间的权衡。构造的结果显示在图 3—2 中，即通过对通货膨胀系数 c_1 赋予不同取值来实现。考虑 A 和 B 之间的权衡，这包含 $c_1 = 1$ 时的情况，权衡始于 A 点。在 A 点处，产出系数 $c_2 = 0$（严格通货膨胀目标）。随着产出稳定性的提高，曲线首先出现了下降的趋势。因而，在这一阶段，中央银行能够通过提高产出稳定性来同时达到降低产出波动性与通货膨

胀波动性的目的。但是，这个关系是非线性的。在某些点上，产出稳定系数值过高，权衡曲线开始上升，形成了一个"正常"的权衡，也就是说，此时产出波动性的降低是以通货膨胀波动性的提高为代价的。

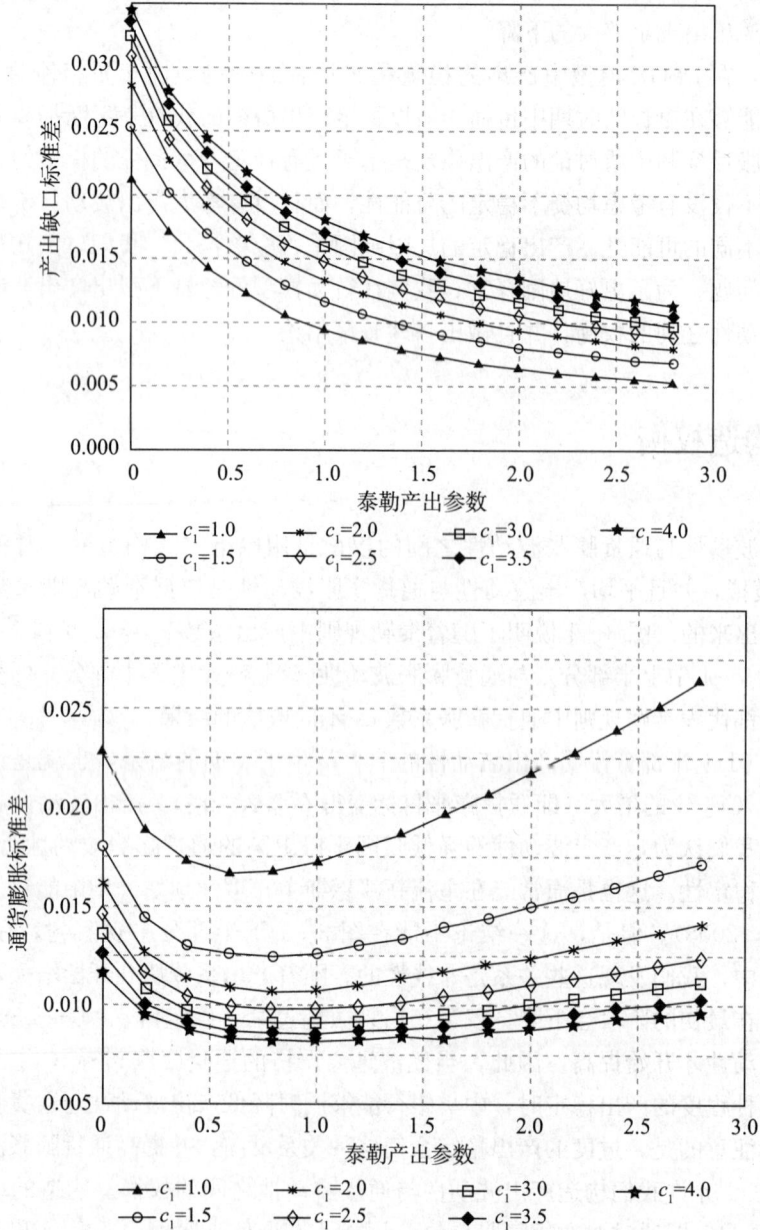

图3—1 产出与通货膨胀波动性

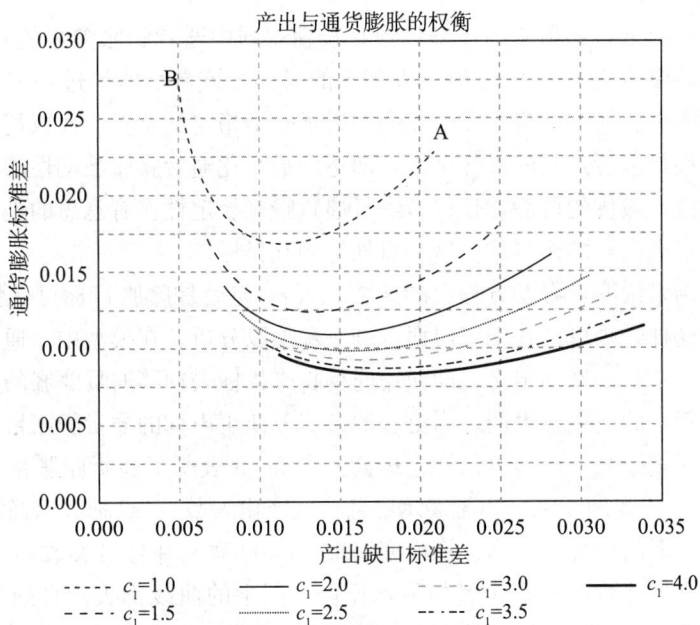

图 3—2　行为模型中的权衡

我们如何解释这些结果？让我们从严格的通货膨胀目标的情况开始讨论，也就是说，货币当局设定 $c_2 = 0$。此时，货币当局完全不关心稳定产出的问题。保证产出的波动性会加剧乐观主义与悲观主义的波动（动物精神），这不仅对产出波动性也存在反馈效应，而且能导致更高的通货膨胀波动性。因而，一定程度的产出稳定是有益的；它能够通过阻止动物精神发生大规模的波动来降低产出和通货膨胀的波动性。在完全不考虑产出稳定性的情况下（$c_2 = 0$），动物精神引致的驱动力过大，以致高产出波动性也会通过产出缺口对通货膨胀的作用（供给方程）使通货膨胀波动性升高。但是，过度的产出稳定性会降低可信的通货膨胀目标带来的稳定红利（stabilization bonus）。当中央银行将产出稳定看得过于重要时，就会使通货膨胀外推的法则有更大的预测表现空间，从而导致更高的通货膨胀波动性。

图 3—2 也说明了关于通货膨胀目标的一些重要事实。我们注意到，泰勒规则中通货膨胀系数 c_1 的提高具有驱使权衡下降的效应，也就是说，中央银行可以通过对通货膨胀变化给予更加强烈的反应来提高权衡。[①] 中央银行对通货膨胀变化的反应增强能够降低通货膨胀外推者统治市场的概率，并且随之降低通货膨胀目标失去信用的可能性，最终使得中央银行达到提高权衡的目的。失去信用会使通货膨胀与产出不稳定，因而在我们的行为模型中，保持通货膨胀目标的可信性是宏观经济

61

62

---

① 关于严格的通货膨胀的重要性的结论，可以参见加斯帕（Gaspar et al.，2006）的研究。在该研究中，他使用了一种含有统计学习（statistical learning）的宏观模型。同时可参见阿尼菲尔（Anufriev et al.，2009）的研究，他在含有异质性参与人的模型中使用了利率规则。

稳定的一个重要源泉。

值得注意的是，权衡的下降趋势随着泰勒规则中通货膨胀参数值 c_1 的增大而减缓。额外的模拟说明，当 c_1 值增大到 6 的时候，该参数值的进一步增大对权衡的作用并不明显。换句话说，此时权衡趋近于一个稳定的位置。而权衡的最小值点代表了中央银行可能达到的最优结果，即达到最小化通货膨胀波动性的目标。对于中央银行来说，最优的可能点仅仅考虑了通货膨胀稳定性。有意思的是，如果中央银行试图稳定产出，那么只能在这一点处达到其目标。

之前的结果说明，泰勒方程中的参数 c_1、c_2 与通货膨胀目标可信性之间存在一种联系。这种联系可以在细节层面上进一步加以分析。在模型中，通货膨胀可信性可以被赋予一个精确的定义，即使用通货膨胀目标去预测通货膨胀的参与人（通货膨胀目标者）的比例。因而，当更多的参与人使用声称的通货膨胀目标去预测通货膨胀时，通货膨胀目标的可信性会提高。图 3—3 表明了通货膨胀目标的可信性与参数 c_1、c_2 之间的联系。横轴表示参数 c_2（产出参数），纵轴表示通货膨胀目标的可信性。后者的计算方式为：将模型模拟 10 000 次，并且对参数 c_1、c_2 赋予不同的值，计算出通货膨胀目标者的平均比例。图中的曲线都表示在通货膨胀参数 c_1 的不同取值下，可信性与产出参数 c_2 的关系。这些曲线都具有非线性特征，也就是说，当产出参数 c_2 从 0 开始增大时，通货膨胀目标的可信性也会提高，直到达到其最大值为止；随后，随着产出参数 c_2 继续增大，可信性开始下降。因此，

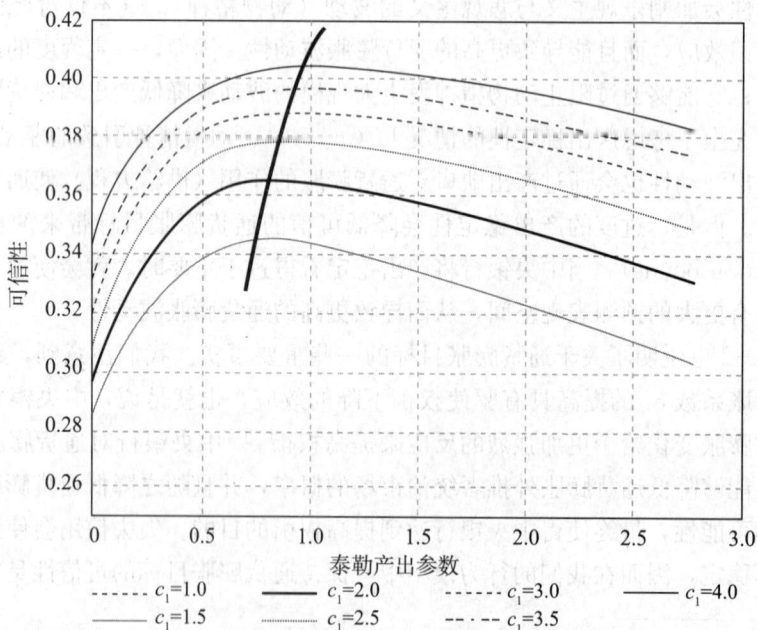

图 3—3 通货膨胀目标的可信性与产出稳定性

对 c_1 的所有取值，曲线都存在非线性特征。值得注意的是，图 3—3 中的可信性最大值点与图 3—2 中权衡的最小值点是相对应的。[①]

这些结果可以解释如下：当中央银行加大其在稳定产出上的努力时，在一开始会对通货膨胀目标的可信性产生正向效应。[②] 正如之前所讨论的那样，这里的原因是通过稳定产出，中央银行也会减小乐观主义与悲观主义波动（动物精神）的幅度，从而稳定产出与通货膨胀。当 c_2 的取值在 0.5 和 1 之间时，通货膨胀目标的可信性将会最大化。正如之前阐述的，在这个取值范围之外时，进一步试图稳定产出的努力反而会降低通货膨胀目标的可信性。这种结果有意思的地方是：一定区间内，c_2 的最优值通常能够在关于泰勒方程的计量经济学研究中找到。因而，中央银行似乎应该保证一定程度的产出稳定性，以达到与动物精神理论一致的目的。

最后，图 3—3 说明了当 c_1 的值不断增大时，可信性曲线向上移动。因此，中央银行可以通过增强对通货膨胀变化的反应来提高通货膨胀目标的可信性。这一特征证明了在图 3—2 中得到的结论，即更大的 c_1 值能够提高通货膨胀波动性与产出波动性之间的权衡。

至此，我们可以总结，关于中央银行稳定产出的重要性，行为模型提供了一个不同的视角。行为模型揭示了经济周期中的内生运动，这种内生运动与乐观主义和悲观主义的波动有关。乐观主义与悲观主义的波动不仅能够影响产出缺口，而且能够被产出缺口所影响。我们在表 3—1 中说明了这一双向的因果关系特征。表 3—1 展示了对产出缺口与动物精神（正如在第 1 章所定义的那样）的格兰杰因果检验结果，说明了在统计上不能拒绝动物精神是产出缺口的格兰杰原因与产出缺口是动物精神的格兰杰原因的假设。

表 3—1　　　　　　　　　　　　　　双向格兰杰因果检验

原假设	观测量	F 统计值	概率
产出缺口不是动物精神的格兰杰原因	1948	31.099 0	5.1E-14
动物精神不是产出缺口的格兰杰原因		32.855 3	9.3E-15

这种存在于产出缺口与动物精神之间的双向因果关系为中央银行通过降低产出波动性减小乐观主义与悲观主义的波动提供了可能。通过这种方式，中央银行能够创造一个有利于稳定通货膨胀的、更稳定的宏观经济环境。

---

① 对于相同的 c_1 取值，图 3—3 中的可信性最大值点与图 3—2 中权衡的最小值点所对应的 c_2 值是相同的。——译者

② 参见贝尔（Ball et al.，2005），在未达到完全理性预期下使用模型对可信性问题进行分析。

3.3 新凯恩斯理性预期（DSGE）模型中的权衡

65 新凯恩斯理性预期模型中的权衡可以使用与 3.2 节类似的方法计算出来。因此，我们使用基础模型的理性预期版本（见式（1—25）与式（1—26））来构造这一权衡。权衡的计算结果呈现在图 3—4 中，它与图 3—2 的区别是显著的。首先，在理性预期的 DSGE 世界中，权衡都具有递减的斜率。这意味着中央银行提高产出稳定性是需要付出代价的，也就是说，成功降低产出波动性的代价是更高的通货膨胀波动性。这说明如果中央银行对通货膨胀目标更加看重，那么它通常不会试图稳定产出（Gali，2008；Woodford，2003）。这与在行为模型中得到的结论形成鲜明的对比。从行为模型的模拟结果中我们可以发现，只关心通货膨胀的中央银行仍然希望在产出稳定性上做出努力，因为产出稳定性降低了动物精神的重要性，并因此降低了通货膨胀波动性。这也是在行为模型中我们能够阐释中央银行可以通过在稳定产出中付出努力来降低通货膨胀波动性的原因。而在主流理性预期模型中不能描述这一效应。

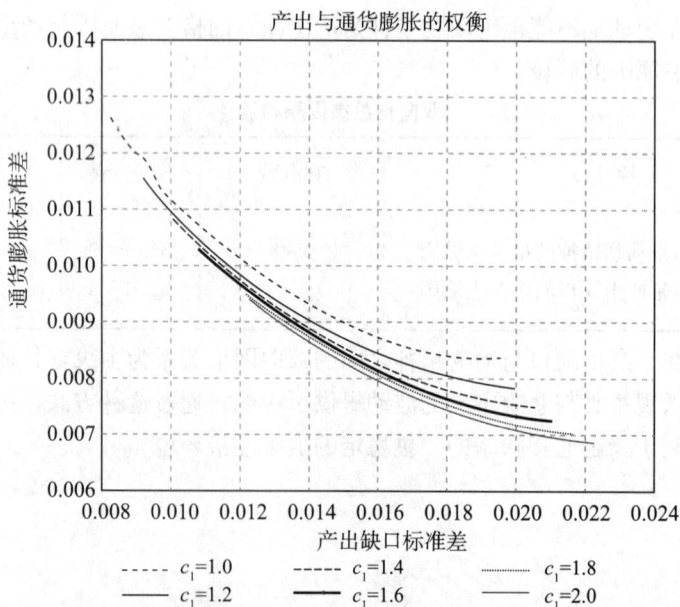

图 3—4　理性预期模型中的权衡

其次，对主流新凯恩斯理性预期模型中的权衡与行为模型中的权衡而言，它们之间的第二个对比与通货膨胀波动性、产出波动性的规模有关。在一般情况下，主流模型中的通货膨胀波动性与产出波动性显著地低于行为模型中的通货膨胀波动性与产出波动性。换句话说，与行为模型相比，主流模型中的权衡离初始点（origin）更近。在两个模型中，我们都假设需求方程与供给方程中的冲击是独立同分布的，并且具有相同的标准差。这样做的原因是，行为模型能够创造出更高的内生波动性，这一内生波动性也并不服从正态分布，这为保持稳定提供了更大的操作空间。

最后，对图 3—2 和图 3—4 的比较也显示出权衡效率（trade-off efficient），也就是说，满足最低可能性权衡的泰勒通货膨胀参数取值在主流模型中比在行为模型中更低。我们能够观察到在主流模型中，对于超过 1.5 的 c_1 值，通过提高参数值提高权衡的效果是极其微弱的。在行为模型中，导致最低可能性权衡的 c_1 值约为 4。因此，在行为模型中，中央银行需要付出更多的努力去达到最好的可能结果。

3.4　严格的通货膨胀目标的功过

通过先前的分析我们逐渐清楚地了解到，关心通货膨胀的中央银行也应该关心产出稳定性。因此，在泰勒方程的产出系数为零的意义上的严格通货膨胀目标并不是最优的。在这一节，我们会更加深入地阐释严格通货膨胀目标的非最优性（non-optimality）。我们将通过两种方式达到这一目标。

首先，我们在假设通货膨胀目标完美可信性并且中央银行并未稳定产出的前提下来模拟模型。我们通过将泰勒方程中的产出系数设为零来达到这一目的。我们将这一政策制度称做严格的通货膨胀目标制，也就是说，中央银行只关心通货膨胀。[①] 我们在图 3—5 中展示了该制度下对模型进行模拟的结果，可以观察到此时的动物精神充满活力。事实上，相比于产出稳定的非完美可信性情况（我们在第 1 章的图 1—7 与图 1—8 中所讨论的情况），我们发现此时的动物精神更加充满活力。结果，厚尾导致了产出缺口的较大极端值，也就是说，程度高的繁荣与萧条。与此相反，通货膨胀一如既往地不服从正态分布。

66

67

---

① 值得注意的是，在第 1 章中，我们也在严格的通货膨胀目标制下模拟了该模型（见图 1—13）。但是在这里我们假设了非完全可信性。

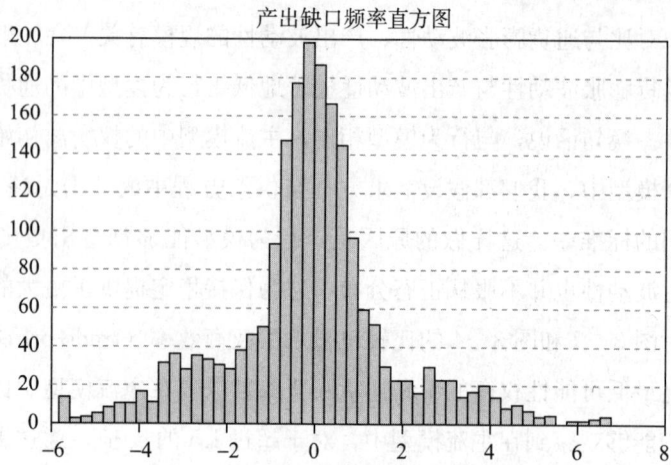

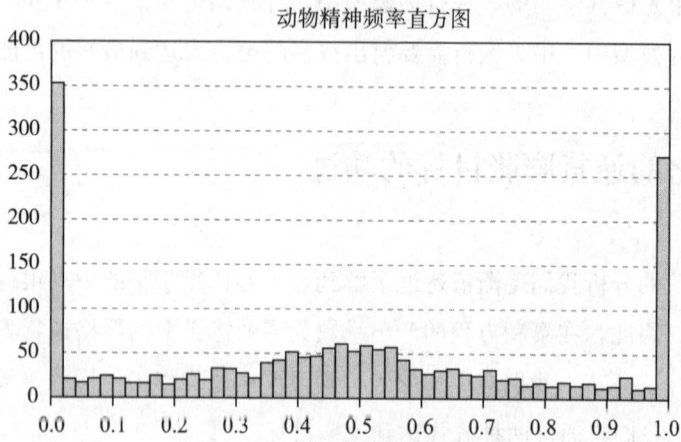

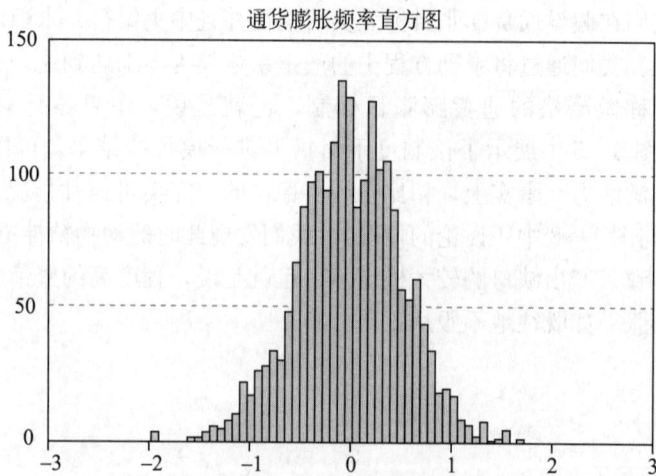

图 3—5 在完美的通货膨胀目标可信性与严格的通货膨胀目标制下产出缺口、
动物精神与通货膨胀的频率分布

　　其次，分析严格的通货膨胀目标的含义，即分析在严格的通货膨胀目标制下的脉冲响应函数。在图 3—6 中，我们说明了在中央银行使用严格的通货膨胀目标的假设下——在一个通货膨胀目标非完美可信的环境下，令泰勒规则中的产出系数为零——计算出的脉冲响应函数。

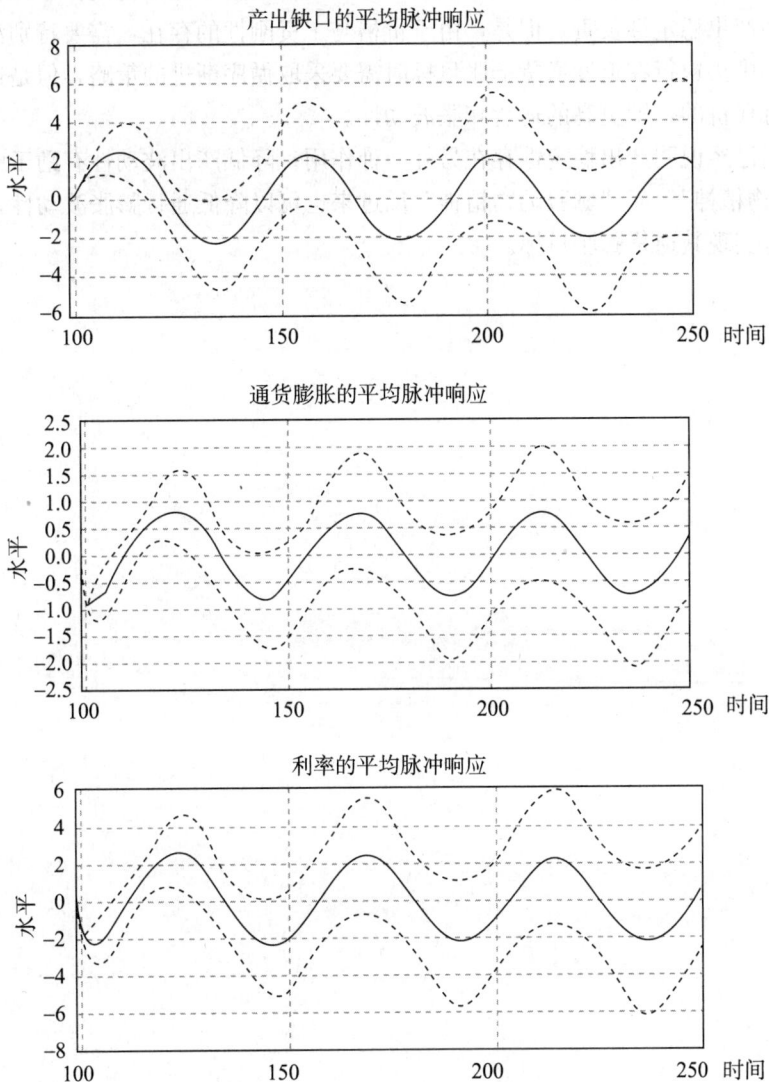

图 3—6　对正向生产力冲击的脉冲反应

　　从图 3—6 中我们可以观察到，生产力冲击引致了一个周期性的传递过程。当中央银行试图稳定产出时（参见第 2 章），这种周期性调整过程不会出现。在非常长的时期内，内生变量——产出缺口、通货膨胀与利率——将趋近于其稳态值，但是这个过程却是拖尾的。同理，这一周期性的调整过程也出现在通货膨胀中。因而，与在中央银行并非唯一地关注通货膨胀的情况下相比，中央银行通过唯一地关注稳定通货膨胀使得生产力冲击在通货膨胀中的传递中具有更高的波动性。因此我们可以得知，严格的通货膨胀目标制不太可能是最优的。

正如我们在本章一开始所提到的那样，从主流新凯恩斯理性预期模型中也可以得到相似的结论，也就是说，严格的通货膨胀目标制并不是最优的。中央银行也应当为某些产出稳定性负责。但是，由于价格与工资刚性的存在，需要特别注意产出稳定性。中央银行在追逐通货膨胀目标时需要采取循序渐进的策略，但是这种做法通常是有代价的，即更高的通货膨胀波动性。

我们已经说明产出稳定性存在另外一种作用。降低产出波动性有助于中央银行"驯服动物精神"。而"驯服动物精神"反过来也可以降低通货膨胀波动性，并帮助中央银行实现其通货膨胀目标。

第4章 弹性、动物精神和稳定性

4.1 引言

现代宏观经济学强调了价格弹性的重要性。新古典模型预测，若价格是完全弹性的，则产出波动不受货币政策的影响（Woodford，2003；Galí，2008）。在该情况下，产出冲击仅能作为"实际"冲击的结果出现，例如生产力冲击和偏好改变。同样，在完全价格弹性的情况下，货币当局并不拥有稳定产出的机会。在我们的行为模型中，这些观点还能成立吗？我们将在本章回答这一问题。

4.2 弹性和货币中性

要回答这一问题，我们先回顾第 1 章中的总需求和总供给模型（式（1—1）和式（1—2）），并去掉这些等式中的滞后项。此处，我们将这一由总需求和总供给等式组成的模型重写如下：

$$y_t = \widetilde{E}_t y_{t+1} + a_2(r_t - \widetilde{E}_t \pi_{t+1}) + \varepsilon_t \tag{4—1}$$

$$\pi_t = \widetilde{E}_t \pi_{t+1} + b_2 y_t + \eta_t \tag{4—2}$$

现在，我们允许参数 b_2 发生变动。b_2 可以在 0 到 ∞ 之间变化，并且 b_2 的这些变动值取决于在卡尔沃价格假设（Calvo pricing assumption）下的价格刚性程度（Galí，2008）。$b_2 = 0$ 对应的是完全价格刚性的情况（在 t 时期内改变价格的公司的比例为 0），$b_2 = \infty$ 对应的是完全价格弹性的情况（在 t 时期改变价格的公司的比例为 1）。同时，前一种情况可以用水平的总供给曲线表示，而后一种情况则可以用垂直的总供给曲线表示。在后一种情况下，我们将该模型称为工资和价格具有完全弹性的新古典模型（new classical model）。

现在我们让参数 b_2 在 0 到 5 之间变动，并且为了得到内生经济周期，我们计算了行为模型中的两个能力指标：第一个指标是产出缺口的自相关系数；第二个指标是产出缺口和动物精神的相关系数。已知模型中的所有冲击都是白噪声过程（不存在自相关）。因此，如果模型模拟出的产出缺口序列存在自相关，则这一特征必定是由内生动态引起的。第二个指标则告诉我们产出缺口动态与动物精神间的相关程度（见图 4—1）。我们还在图 4—1 的第三幅图中呈现了产出缺口的标准差。

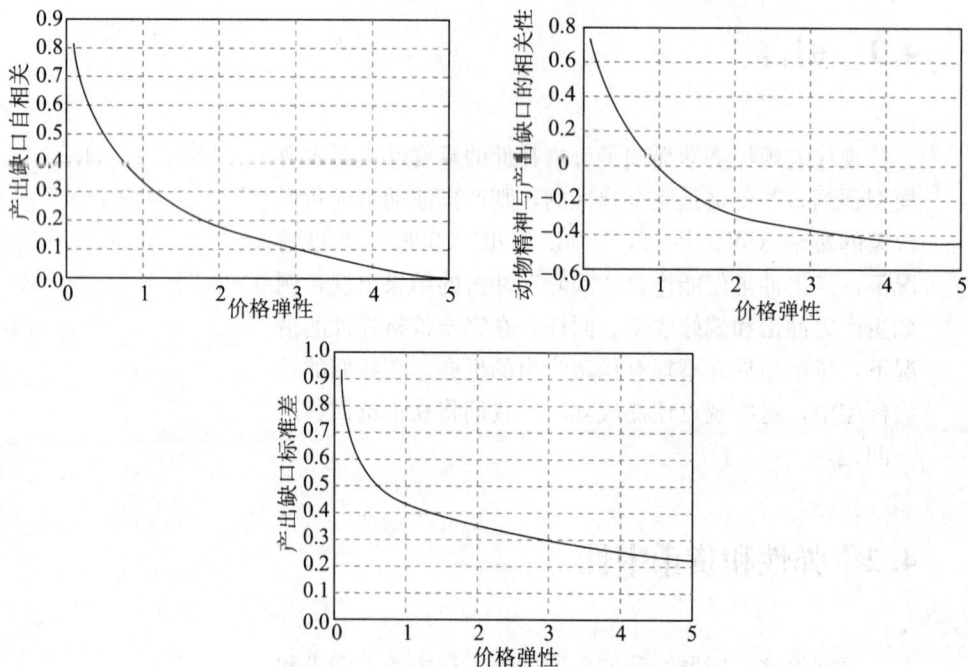

图 4—1　价格弹性以及经济周期的性质

我们的结论是非常惊人的。当 b_2 增大（弹性增大）时，产出缺口的自相关程度降低（见图 4—1 第一幅图）。这里自相关程度的降低与产出缺口和动物精神的相关性的下降（见图 4—1 第二幅图）有关。实际上，当 $b_2=5$ 时就不再存在动物精神了。价格弹性的增大、产出缺口自相关程度的降低与产出缺口和动物精神的相关性的下降都是产出波动性降低（见图 4—1 第三幅图）的原因。因此，价格弹性的增大会减少甚至消除动物精神的出现，从而消除经济周期波动的一个重要来源。同时，它也会减小产出的波动。

如图 4—2 所示，当弹性足够大时，动物精神就消失了。同时，图 4—2 也呈现了当 $b_2=5$ 时动物精神的频率分布。我们发现，在实际上并不存在 0（极端悲观主义）或 1（极端乐观主义）这样的极端观测值。

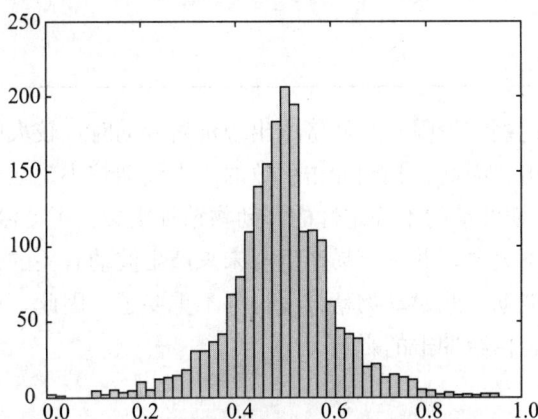

图 4—2　弹性大的情况下动物精神的频率分布

弹性的增大降低了产出的波动性。然而，这是有代价的。当弹性增大时，通货膨胀的波动性也会提高（见图 4—3）。

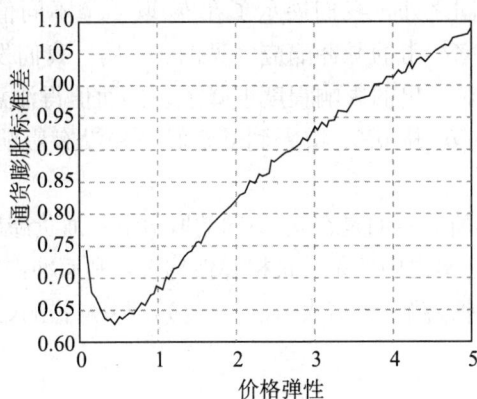

图 4—3　弹性增大时的通货膨胀波动

同时，表4—1也说明了弹性对产出波动性的影响。表4—1呈现了产出缺口与三个变量——需求冲击（需求方程中的 ε_t）、供给冲击（新凯恩斯主义菲利普斯曲线等式中的 η_t）和动物精神——之间的相关系数。我们从表4—1中可观察到，对于低弹性水平的情况，产出波动主要受动物精神波动的影响，而外生需求冲击与外生供给冲击对产出波动的影响相对较小。随着弹性的增大，外生冲击对产出波动的影响也在增大，但动物精神的重要性（由相关系数来衡量）则在降低。

表 4—1　　　　　　　　　　产出缺口与冲击、动物精神的相关系数

	$b_2=0.05$	$b_2=0.5$	$b_2=5$
需求冲击	0.39	0.70	0.78
供给冲击	−0.08	−0.22	−0.24
动物精神	0.74	0.46	0.19

应当如何理解这些结论呢？当经济中出现价格变动时，较大的价格弹性有助于经济更好地适应冲击。因此，相同冲击引致的产出波动较小。在产出波动小的情况下，（产生于经济周期波动的不确定性的）动物精神则失去了"滋生的温床"。换句话说，当产出变化不大时，并不容易产生与未来产出波动有关的、乐观主义和悲观主义的自我满足的波动。此时动物精神变得并不重要了。因此，产出波动则主要受外生需求冲击与外生供给冲击的影响。

4.3　弹性和稳定

由弹性产生的不同的宏观经济特征还通过截然不同的货币政策制度表现出来了。为了阐明这些不同之处，我们展示了在 b_2 取 4 个不同值的情况下产出缺口和通货膨胀对相同利率冲击的脉冲响应（见图4—4）。我们发现，当价格弹性增大时，正向利率冲击对产出的影响程度下降了。然而值得注意的是，产生这一效果需要弹性大幅增大。b_2 从 0.05 增大到 0.5 似乎并没有影响利率冲击对产出的作用。

图4—4 右边的图所表示的是在 b_2 不同的取值下，通货膨胀对于相同的正向利率冲击的脉冲响应。意料之中的是，价格弹性越大，利率冲击对通货膨胀的影响越大。在极限时，随着弹性趋于无穷大（$b_2=\infty$），利率冲击仅影响通货膨胀而不改变产出。

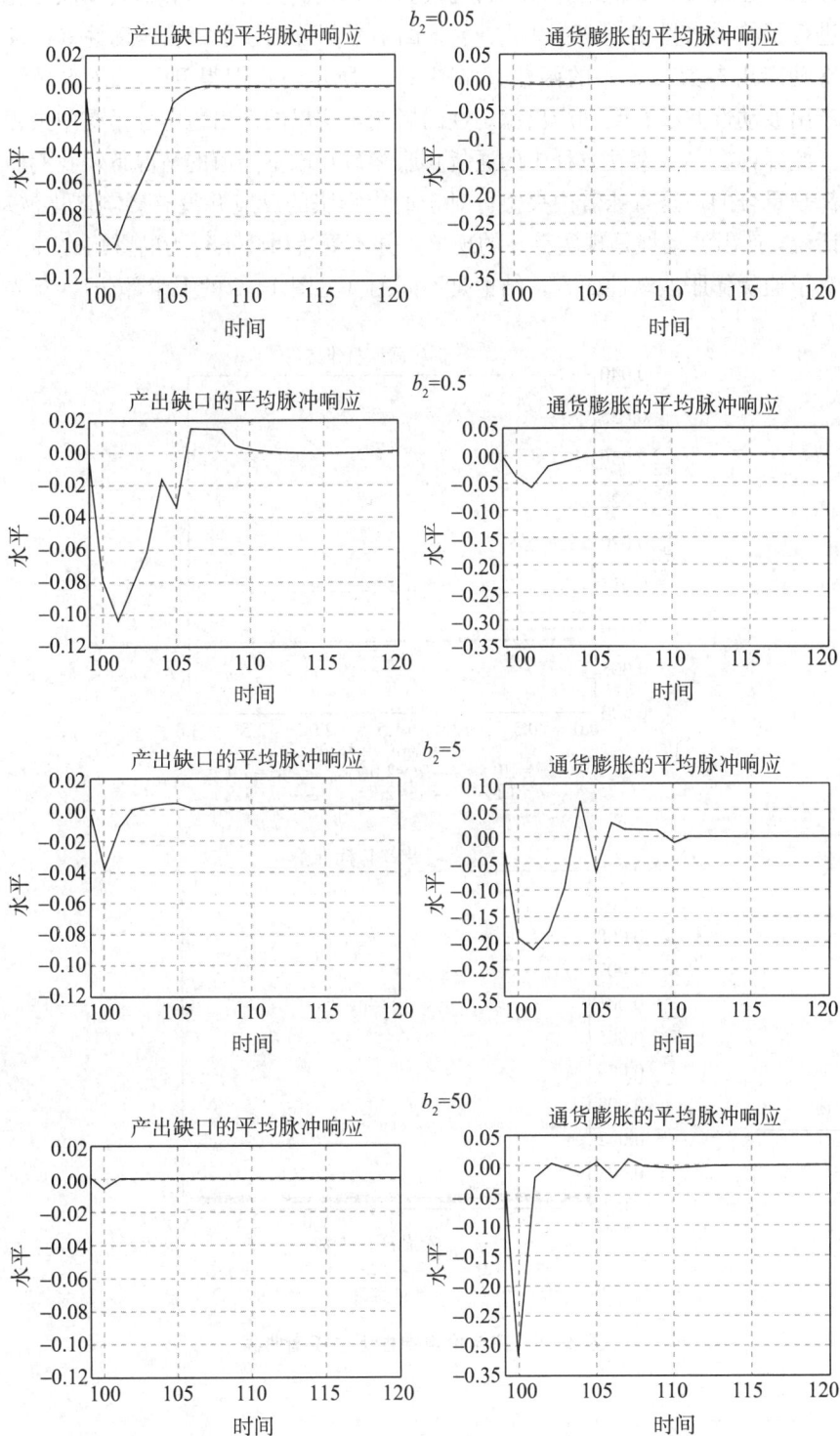

图 4—4 产出缺口和通货膨胀对正向利率冲击的脉冲响应

最后，在具有完全价格弹性的行为模型中，我们还对产出和通货膨胀变化间的权衡进行了检验（见图4—5）。[1] 图4—5的下半部分描述了产出波动性（标准差），它是泰勒产出参数（c_2）的函数。如图4—5所示，我们得到了一条水平线，因此，产出波动性并没有受到产出稳定性的影响，这里的产出稳定性是受中央银行控制的。此外，在c_1（泰勒方程中的通货膨胀参数）取不同值的情况下，我们所得到的线都是重合的。这意味着中央银行对于通货膨胀的反应并没有影响产出波动性。换句话说，产出波动性是现实存在的现象，并不受货币政策行为的影响。

对于通货膨胀波动性而言，结论是不同的（见图4—5的上半部分）。首先，我

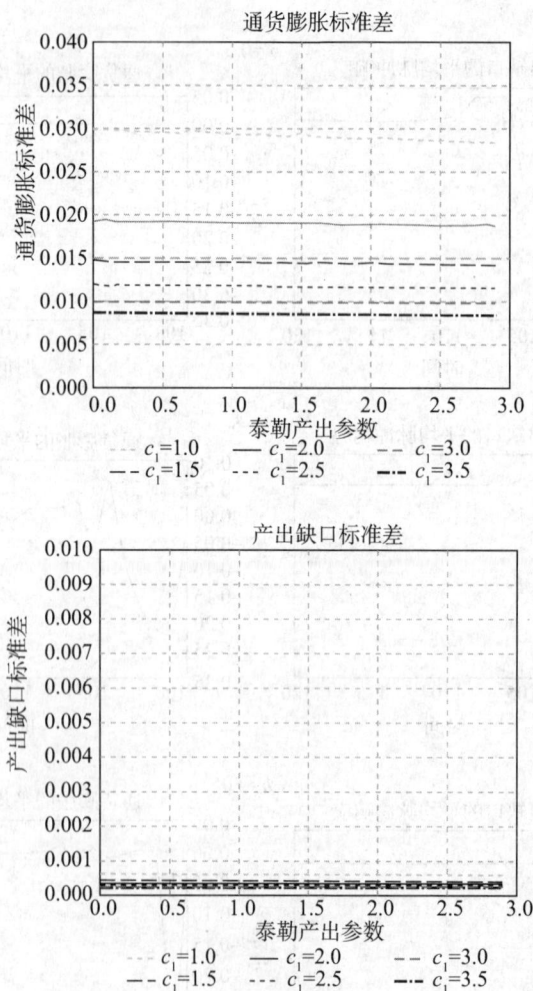

图4—5　完全价格弹性下的权衡曲线

---

① 在原文中，图4—5没有图题。译者根据图形的经济含义补充了图题。——译者

们观察到，随着 c_1 的增大（中央银行对通货膨胀的反应更强烈），通货膨胀波动性降低。其次，产出稳定性（由 c_2 来衡量）对通货膨胀波动性并没有产生影响。图 4—5 意味着中央银行仅能影响通货膨胀波动性却没有能力影响产出波动性。在这样的环境下，我们的行为模型与新古典模型在结论上殊途同归，即严格的通货膨胀目标制是最优政策。

综上所述，当价格具备完全弹性时，我们的行为模型与标准新古典模型具有相同的结论。正如在标准模型中，当价格能够瞬间调整（并且不存在其他惯性）时，货币政策并没有实际效应。因此，在所有情况下，保持低通胀的产出稳定性与最优货币政策也没有用武之地。正如新凯恩斯主义模型所强调的那样，价格刚性的存在为旨在稳定产出的、积极的货币政策提供了依据。对于我们的模型而言，当且仅当在价格刚性的环境下，稳定货币政策的合理性才能被动物精神所强化。

第5章 动物精神与宏观经济冲击的性质

5.1 引言

　　在经济中，冲击的性质重要吗？宏观经济学家在很久之前就已经意识到需求冲击与供给冲击具有非常不同的经济性质。一般而言，供给冲击似乎更加令人不安。主要的原因在于供给冲击驱使通货膨胀与产出反向运动：负向供给冲击降低产出并推高通货膨胀；正向供给冲击提高产出并降低通货膨胀。这一特征使得货币当局陷入两难的选择困境，即稳定产出还是稳定通货膨胀的权衡。在一个负向供给冲击之后，如果货币当局选择通过上调利率来控制通货膨胀，那么这样做的代价是牺牲一定量的产出（至少在短期）。

　　当一个需求冲击影响经济时，就不存在这样的权衡。在这种情况下，通货膨胀与产出同向运动。此时货币当局的决策就要容易很多。因而，当一个正向需求冲击使通货膨胀与产出同时提高的时候，货币当局可以通过降低利率同时达到对二者进行调控的目的。这就产生了一个观点：提供的冲击（provided shock）多为需求冲击，严格的通货膨胀目标策略能够很好地稳定通货膨胀与产出。

在这一章中，我们分析行为模型中冲击性质的重要性，并讨论其政策含义。我们将要研究的一个核心问题是：当仅存在需求冲击时，严格的通货膨胀目标制是否是一个好策略？

在方法上，我们首先对仅存在供给冲击的模型进行分析，随后针对仅存在需求冲击的情况进行相同的讨论。因此，我们可以通过研究严格的通货膨胀目标制在不同环境下的施行效果来达到研究目的。

5.2　仅存在供给或需求冲击的模型

在这一节中，我们假设经济中仅存供给冲击或需求冲击，并展示模型模拟结果，进而比较在这两种极端假设下模型的特征。

为了实现仅存在供给冲击的假设，我们令总需求方程式（1—1）中的误差项为零；为了实现仅存在需求冲击的假设，令总供给方程式（1—2）中的误差项为零。在图 5—1 与图 5—2 中，我们分别展示了在这两种假设下模型的模拟结果。二者的 *80*

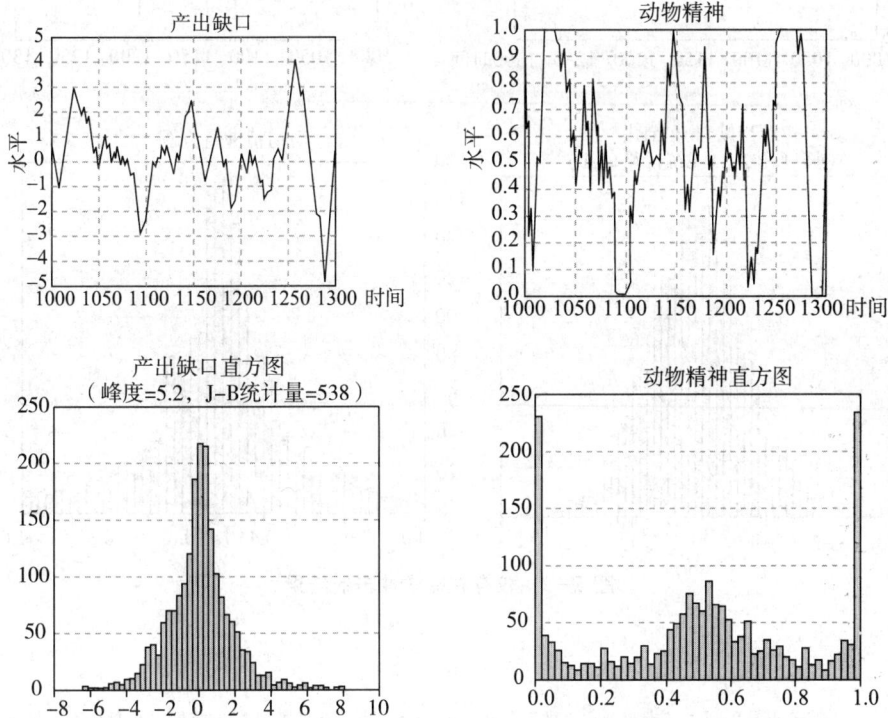

图 5—1　仅存在供给冲击的结果

对比是非常鲜明的。当仅存在供给冲击时（见图5—1），我们得到的结论与第1章相同：在产出缺口中存在剧烈的周期性波动，这种周期性波动与动物精神高度相关（相关系数为0.89）；产出缺口不服从正态分布，并且该特征可以归因于市场被极端乐观主义或极端悲观主义控制的事实。

81   在仅存在需求冲击的环境下（见图5—2），我们得到的结论与以上结论非常不同。在这种情况下，虽然产出缺口仍存在周期性波动，但是波动性更弱，波动幅度更小。此时，动物精神的力量也是比较微弱的，也就是说，在每一时刻，人们不再是乐观主义或悲观主义的。[①] 以上所有事实的结果是：产出缺口服从正态分布，并

82 且市场不再受极端乐观主义或悲观主义的控制。因而，当仅存在需求冲击时，我们得到的结果非常接近于在主流理性预期的新凯恩斯主义模型中得到的结论。

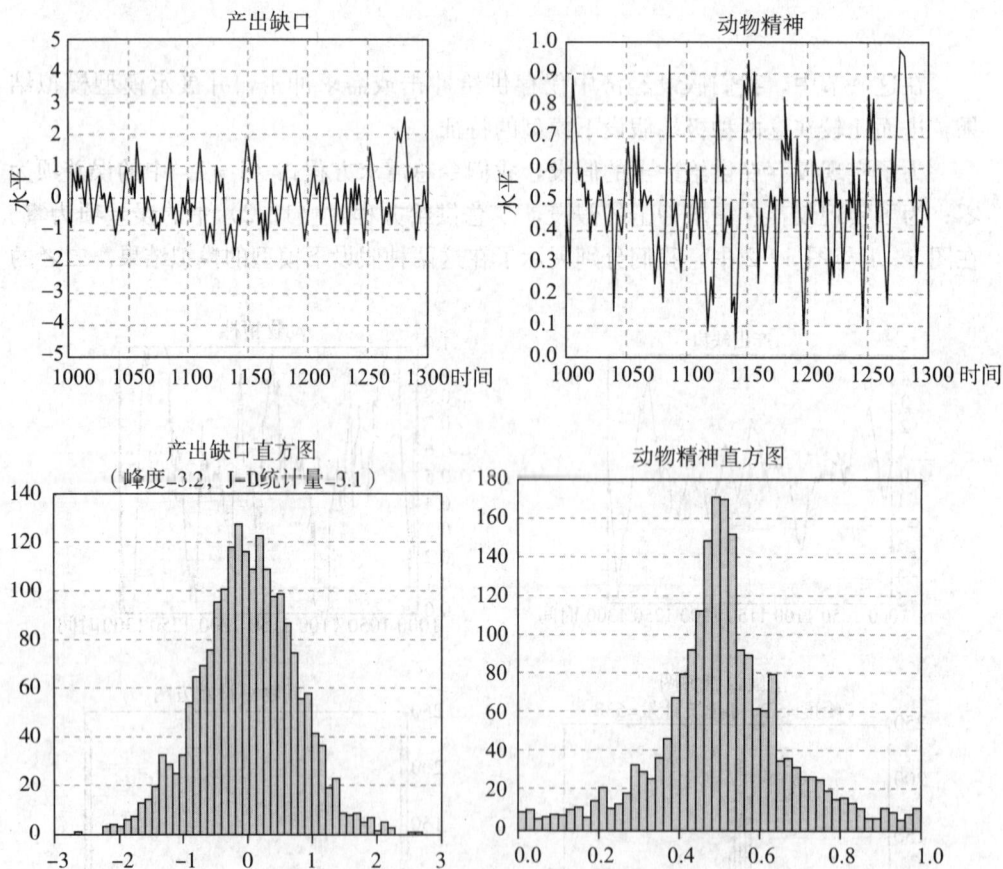

图5—2 仅存在需求冲击的结果

---

① "人们不再是乐观主义或悲观主义的"是指相对于第1章所述的标准行为模型，此时行为人处于极端乐观主义与极端悲观主义的概率大幅降低，动物精神服从正态分布。——译者

如何才能解释这些显著的不同？答案与之前的陈述有关。在仅存在需求冲击的环境下，中央银行无须做出抉择，其能够十分容易地同时达到稳定通货膨胀与产出的目的。通过稳定通货膨胀与产出，动物精神也被"驯服"，从而极端乐观主义与极端悲观主义没有机会出现（值得注意的是，这里使用了泰勒规则方程，并且我们在此使用的参数值与第 1 章相同）。

在仅存在供给冲击的环境下，中央银行面临稳定通货膨胀还是稳定产出的两难权衡。因此，稳定措施是非完美的，这为动物精神影响产出提供了空间。

在这里，讨论两种环境下的通货膨胀特征是十分有益的（见图 5—3）。图 5—3 的左半部分表明了仅存在供给冲击时的通货膨胀率；而图 5—3 的右半部分呈现了仅存在需求冲击时的通货膨胀率。二者的区别依然是显著的。在仅存在需求冲击的环境下，中央银行能够成功地稳定通货膨胀。而在仅存在供给冲击的环境下，通货膨胀是剧烈波动的，这是动物精神的极端波动性导致的。值得注意的是，在两种环境下，我们假设泰勒规则方程中的参数相同。

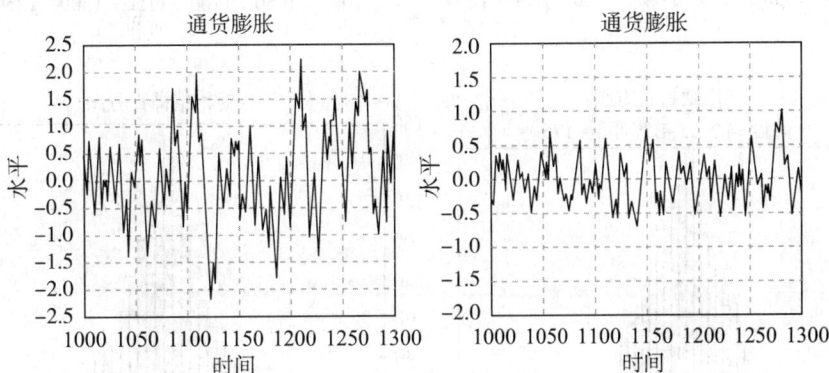

图 5—3　两种环境下的通货膨胀：仅存在供给冲击（左图）、仅存在需求冲击（右图）

在中央银行试图同时稳定通货膨胀与产出的事实中，还有一个十分重要的问题亟须讨论：当仅存在需求冲击时，中央银行能够成功稳定通货膨胀的原因是什么？为了阐述这一机制，我们在严格的通货膨胀目标制的假设下，模拟了仅存在需求冲击的经济环境。这里的严格的通货膨胀目标制假设意味着中央银行不关心产出，即泰勒规则方程中的产出参数为零。上述问题就转化为：如果冲击仅仅来自需求方面，那么严格的通货膨胀目标制是否能够稳定产出？事实上，因为在仅存在需求冲击的情况下，通货膨胀与产出正相关，所以该问题的答案应该是肯定的，即在稳定通货膨胀的同时产出也能得到稳定。那么，这一结论是否存在于我们的行为模型中？答案可以从图 5—4 中获得。我们清楚地观察到，在仅存在需求冲击的前提下，实施严格的通货膨胀目标制会使产出缺口更具波动性，并且因为此时的动物精神游走于极端乐观主义与极端悲观主义之间，所以动物精神成为波动的主要推动力。这一点同样可以从图5—4下半部分的两幅图中看出。此时的产出缺口不服从正态分布，这是动物精神的极端取值导致的。因而，尽管冲击仅仅存在于需求方程中，但我们还是重新回到了非正态性的世界里。得到该结论的原因是：中央银行采用严格的通货膨胀目标制，会使动物精神得到释放，并导致产出与通货膨胀的波动。因而，仅存在需求冲击的事实不能成为放任产出稳定性的理由（对于通货膨胀而言同样如此）。

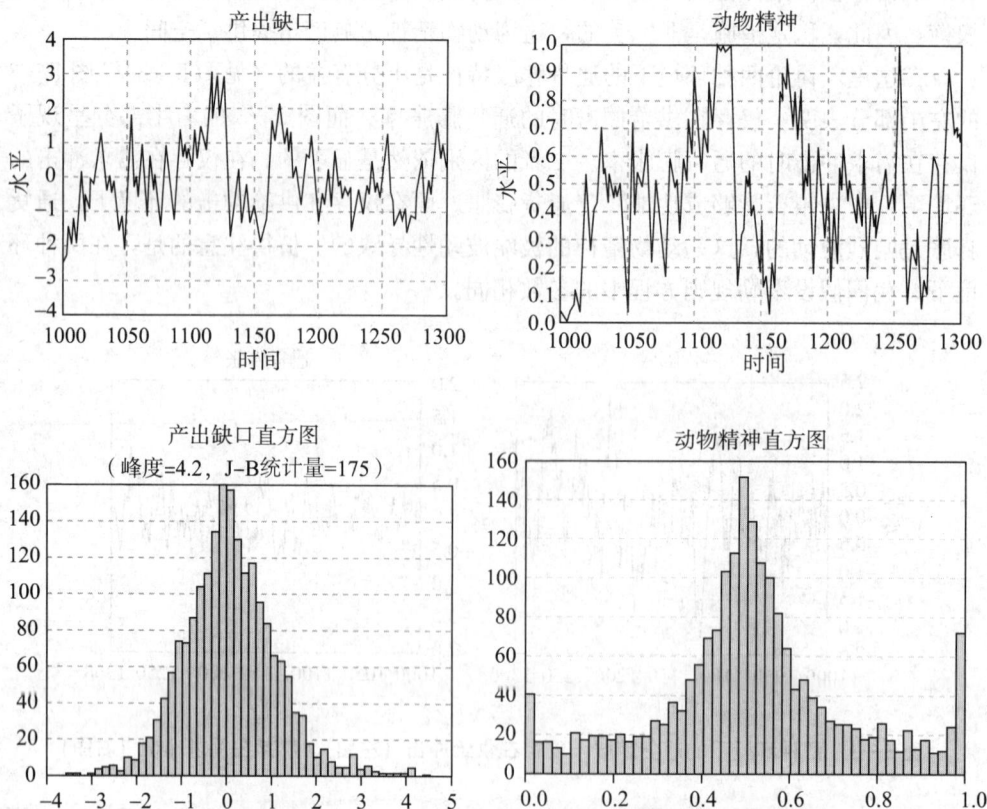

图5—4 仅存在需求冲击的环境与严格的通货膨胀目标制

换句话说，在实施非严格的通货膨胀目标制，并且仅存在需求冲击的条件下，我们发现了动物精神的力量十分微弱，原因在于我们假设中央银行会稳定产出。当中央银行放弃稳定产出，即实施严格的通货膨胀目标时，动物精神再次具有强大的驱动力。

当仅存在需求冲击时，稳定产出的重要性也同样可以通过讨论两种环境下的权衡得到说明。我们将在下面两节中对这些权衡进行分析。

5.3 仅存在供给冲击环境下的权衡

在这一节中，我们讨论在仅存在供给冲击的环境下，通货膨胀波动性与产出波动性的权衡。这里的权衡构造方式与第 3 章相同，结果在图 5—5 中呈现。与同时存在需求冲击与供给冲击的标准环境相比，我们得到了相似的定性结论，也就是说，权衡是非线性的。我们已经在第 3 章中阐述过这一特征，在此重复一下：非线性权衡意味着严格的通货膨胀目标制并非是最优的。一定程度的产出稳定性能够同时降低通货膨胀与产出的波动性。但过度的产出稳定性不是令人满意的。当产出稳定性过高时，权衡曲线的斜率为负。这说明未来的产出稳定性是以更低的通货膨胀稳定性为代价的。

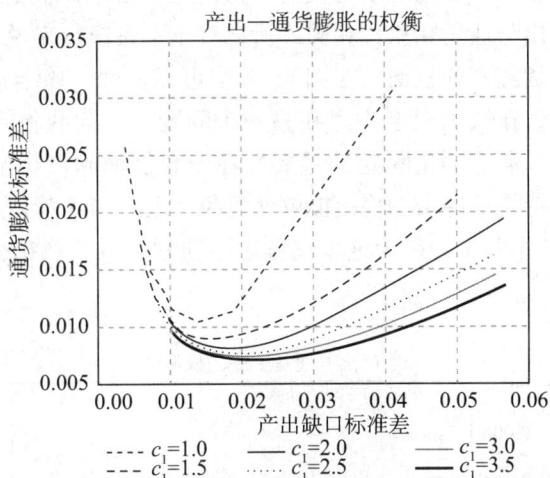

图 5—5　权衡曲线：仅存在供给冲击环境下

像在第 3 章中那样，我们还可以模拟出通货膨胀目标的可信性与产出稳定性程度的关系（见图 5—6）。我们发现，以零为起点，泰勒方程中产出参数的增大会提高通货膨胀目标的可信性。到达某一点后，当产出稳定性继续增大时，可信性就会下降。

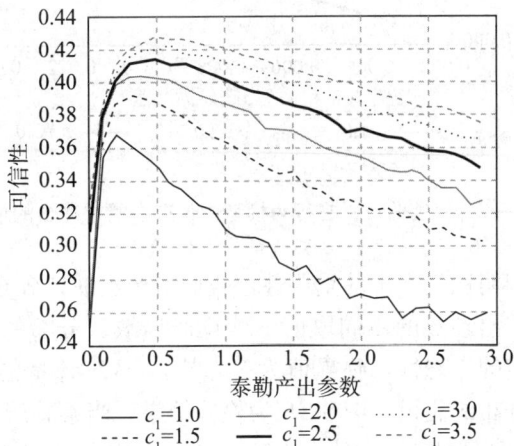

图 5—6　仅存在供给冲击环境下通货膨胀目标的可信性

5.4 仅存在需求冲击环境下的权衡

当冲击仅在需求方程中出现时，我们将会获得非常不同的权衡曲线。图5—7呈现了这些权衡曲线。其显著特征是它们的斜率始终为正。这意味着仅存在需求冲击时，稳定产出的策略能够同时降低通货膨胀与产出的波动性。相反地，降低产出稳定性会使通货膨胀与产出的波动性提高。得出这一结论并不令人惊奇。因为仅存在需求冲击时，产出与通货膨胀正相关，所以对于中央银行来说，此时并未面临稳定产出还是稳定通货膨胀的权衡。在图5—8中可以发现，该结论在DSGE模型中也同样成立。但是，在行为模型中存在另一个问题。正如我们在前文中指出的那样，在行为模型中，需求冲击稳定的重要性在于它能消除产出缺口分布的厚尾特征。换句话说，保持需求冲击的稳定能够使避免大繁荣与大萧条成为可能。但是这一点不能从图5—7中看出，因为这里仅考虑了通货膨胀与产出分布的二阶矩，并没有显示高阶矩。

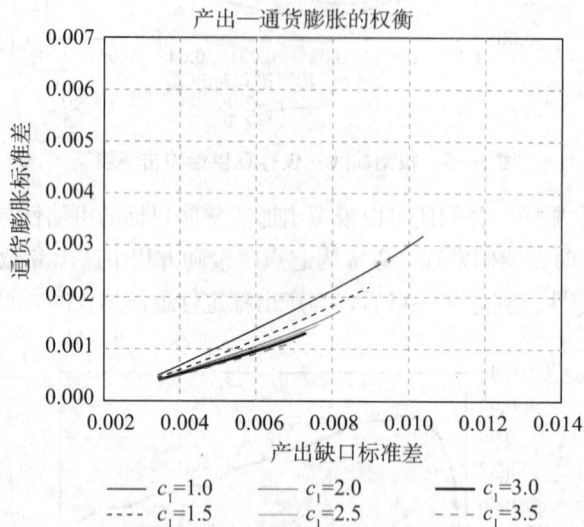

图5—7 权衡曲线：在行为模型中仅存在需求冲击的情况

为了更清楚地阐明稳定产出的重要性，我们对产出缺口分布的厚尾特征进行测度，即在泰勒方程产出参数的不同取值下计算产出缺口分布的J-B统计量的值。该统计量检验了分布的正态性，临界值为3。当J-B统计量的值超过3时，拒绝产出缺口服从正态分布的假设。图5—9为检验结果。当泰勒产出参数取值小于0.5时，产出缺口的分布是非正态的。因而，当中央银行不能保证足够的稳定性（$c_2 < 0.5$）时，产出缺口的分布呈现厚尾特征，也就是说，产出会出现规律性的繁

荣与萧条。当能够保证足够的稳定性（$c_2 > 0.5$）时，能够避免产出出现规律性的繁荣与萧条。在这种情况下，中央银行没有给予动物精神引发大繁荣或大萧条的机会。值得注意的是，这里的产出稳定性并不高，正如中央银行所做的那样。计量经济学研究表明，对于大多数中央银行来说，c_2 接近于 0.5 （Taylor，1993）。

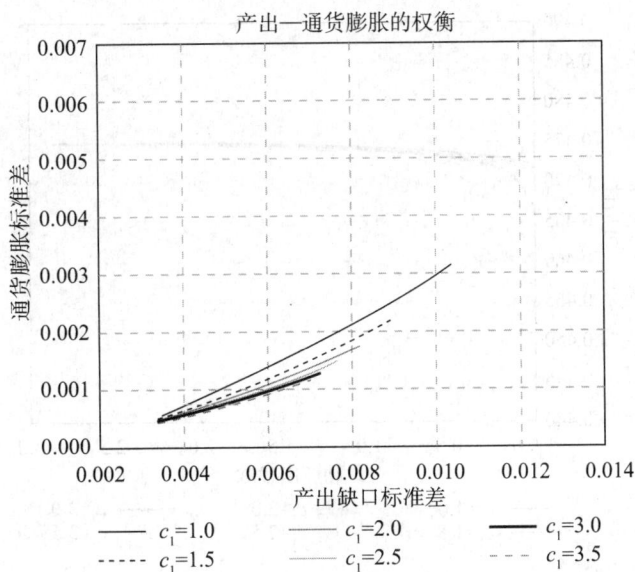

88

图 5—8 权衡曲线：在 DSGE 模型中仅存在需求冲击的情况

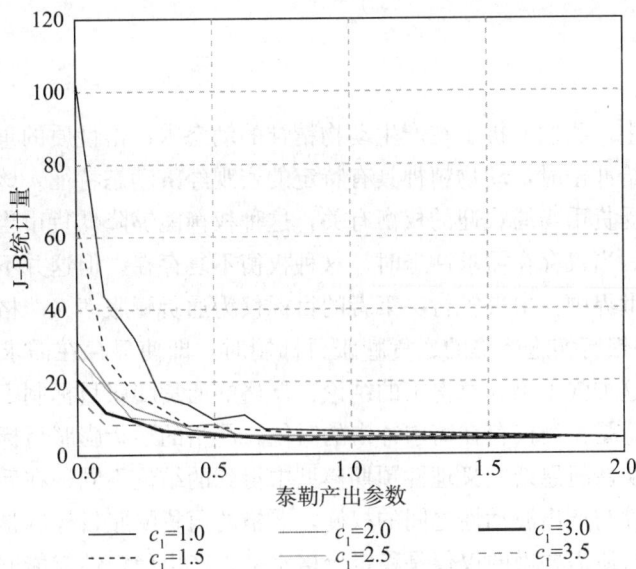

图 5—9 当仅存需求冲击时，对泰勒产出参数不同取值的正态性检验

最后，我们在图5—10中展示了通货膨胀目标的可信性与产出稳定性的关系。与先前得到的结论不同，此时二者的关系表现出正相关（尽管当产出参数增大时，曲线趋于水平）。因而，在仅存在需求冲击的情况下，更高的产出稳定性总是能够提高通货膨胀目标的可信性。

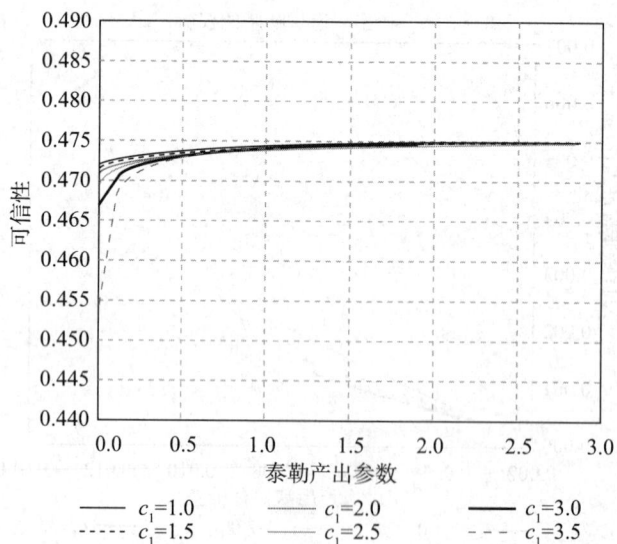

图5—10　当仅存需求冲击时，通货膨胀目标的可信性

5.5　结论

在这一章中，我们分析了在产生动物精神的动态中冲击性质的重要性。我们发现当仅存在供给冲击时，动物精神具有特定的宏观经济动态特征。该特征与供给冲击能够产生不受货币当局欢迎的权衡有关，这种权衡能够降低货币当局"驯服动物精神"的能力。当仅存在需求冲击时，这种权衡不复存在。但这并不意味着在仅存在需求冲击的世界中，中央银行决策者的目标仅为通货膨胀率（严格的通货膨胀目标制）。当中央银行实施严格的通货膨胀目标制时，即使只存在需求冲击，动物精神也会出现。这加强了第3章得出的结论：严格的通货膨胀目标制不是最优的。

本章的结论是：当仅存在需求冲击的时候，严格的通货膨胀目标制也不是最优的。该结论与从新凯恩斯主义理性预期模型中得到的结论不同。在后者中，不存在通货膨胀波动性与产出波动性之间的权衡，严格的通货膨胀目标制是最优的，也就是说，中央银行所需要做的仅仅是稳定价格水平，产出稳定性就能够自动达到。而在我们的行为模型中，这一切是不适用的。

第6章 股票价格与货币政策

6.1 引言

自从 2007 年金融危机爆发以来，人们开始认识到资产市场（asset markets）对于理解宏观经济波动的重要性。股票市场、债券市场和房地产市场往往受投机热潮（speculative fever）的影响，其不仅容易导致经济泡沫与崩溃（bubbles and crashes）[①]，而且也会影响产出和通货膨胀的波动。在本章中，我们把资产市场引入我们的宏观经济模型中。我们将对以下几个问题进行分析：第一，资产市场是如何影响产出波动和通货膨胀波动的？资产市场是否能够强化产出和通货膨胀的周期性波动？商品市场反过来是如何影响资产市场的？对于资产价格的变动，中央银行是否应当进行应对，以及应当如何应对？它们应当试着限制资产价格的波动还是任其由市场的力量去决定？

---

① 对经济泡沫与崩溃的历史的经典分析可参见金德尔伯格（Kindleberger，2000），也可参见明斯基（Minsky，1986）以及古德哈特与霍夫曼（Goodhart and Hoffmann，2004）。

6.2 把资产价格引入行为模型中

在本节，我们将描述如何把资产价格引入模型。我们假设这些资产价格为股票价格，并且我们认为股票价格会影响总需求和总供给。

首先，我们将注意力放在股票价格变化对总需求产生的影响上。股票价格的变化可以通过两个机制来影响总需求（Burda and Wyplosz，2009）。第一个机制是作为财富效应（wealth effect）的结果产生的，即当股票价格上升时消费者的财富将增加，这将增加消费者在商品消费上的支出。第二个机制是由伯南克和格特勒（Bernanke and Gertler，1995）提出的，他们引入了信贷扩张（credit amplification）的概念。公司想借款时面临这样一个事实——借款人（如银行）并没有完全掌握关于公司投资项目风险的信息。因此，公司若想从银行借款，则必须向银行支付风险溢价（risk premium）。我们将其称为公司的外部金融溢价（external finance premium）。银行所感知到的风险越大，公司所支付的外部金融溢价越高。

当前，人们已经证实股票价格波动会对外部金融溢价产生影响。公司股票价格的提高将会增加公司的权益净额（net equity）。因此，银行会觉得贷款给该公司的风险降低，公司的外部金融溢价也就随之降低。这使得银行的贷款意愿增强。对于公司而言，信贷会变得更容易获得，这将提高投资需求。

股票价格的变化同样会影响总供给。类似地，这里是通过股票价格变化所带来的外部风险溢价效应来产生影响的。因此，当股票价格提高时，外部风险溢价将下降。后者会反过来降低公司的信贷成本（credit cost）。因为公司必须使流动资本（working capital）保持在足以支付员工工资和供应商费用的水平上，所以信贷成本的降低会减小公司的边际成本，这将促进总供给。

股票价格的变化对需求和供给的效应还可以从股票价格的变化对资产负债表（balance sheet）的影响中表现出来。股票价格的提高会改善公司的资产负债表，使得公司能以更低的成本增加投资支出，并且以更低的（信贷）成本对其进行经营。由于这种资产负债表效应，我们将在具体操作中引入滞后项，即股票价格在第 t 期的增加会在第 t 期末改善资产负债表，使得公司在下一期里从改善的资产负债表中获益。

显而易见，股票价格的下降会对公司的资产负债表产生反向影响，从而给投资支出以及信贷成本造成负面影响。

我们用普遍流行的股息贴现模型（discounted dividend model），即戈登模型（Gordon model）[①] 来计算股票价格：

$$S_t = \frac{E_t(D_{t+1})}{R_t} \tag{6—1}$$

----

① 参见贝尔利与梅耶斯（Brealy and Myers，1984）对此的讨论。

其中，$E_t(D_{t+1})$ 为预期未来股息，我们假设它从 $t+1$ 期起是不变的；R_t 为贴现率，用它来计算未来股息的现值。它由利率 r_t 和股权溢价（equity premium）（我们假设其是不变的）组成。因此，假设股息在不确定的未来中是不变的，认为行为人在每一期都会对将来的股息进行预测，并且他们在每一期都将对该预测进行再评估。

股息是名义 GDP 的一小部分（股息占名义 GDP 的比例为 α）。因此，对未来股息的预测与对第 1 章中我们所讨论的产出缺口和通货膨胀的预测是紧密相关的。

此处，我们将总需求曲线具体化为如下形式：

$$y_t = a_1 \tilde{E}_t y_{t+1} + (1-a_1)y_{t-1} + a_2(r_t - \tilde{E}_t \pi_{t+1}) + a_3 \Delta s_{t-1} + \varepsilon_t \qquad (6-2)$$

其中，Δs_{t-1} 为 S_{t-1} 取对数后的变化，且 $a_3 \geqslant 0$。

与第 1 章中所介绍的总需求曲线相比，我们此处增加了一个变量——股票价格的变化。出于前面所阐述的原因（即股票价格的快速上升会促进总需求），我们假设后者会对总需求产生正面影响，也就是说，股票价格的上升会增加总需求。

总供给（新凯恩斯主义的菲利普斯曲线）的具体形式如下：

$$\pi_t = b_1 \tilde{E}_t \pi_{t+1} + (1-b_1)\pi_{t-1} + b_2 y_t + b_3 \Delta s_{t-1} + \eta_t \qquad (6-3)$$

其中，$b_3 \leqslant 0$，即股票价格的提高会使得边际成本下降，并由此对通货膨胀产生负面影响。

最后，我们假设中央银行会对股票价格的变化进行应对。因此，泰勒规则表达式变为

$$r_t = c_1(\pi_t - \pi_t^*) + c_2 y_t + c_3 r_{t-1} + c_4 \Delta s_{t-1} + u_t \qquad (6-4)$$

值得注意的是，我们将中央银行对股票价格的应对方式与它对通货膨胀和产出的应对方式进行了区分。在后面的情况中，中央银行有关于通货膨胀和产出的目标，其调控目的是减小对目标的偏差。[1] 而在股票价格的情况中，中央银行并没有关于股票价格的目标。相反，它采用的是"逆风而动"策略（"leaning against the wind" strategy）。[2] 那些认为中央银行应当干涉股票市场的建议者通常用该策略来制定中央银行策略。而那些认为中央银行应当干涉股票市场的人，通常也是中央银行策略的制定者。原因在于并没有一个普遍认可的经济学理论可以让我们去确定股

———————————

[1]　这对于产出缺口可能并不明显。产出缺口是所观察到的产出与自然产出间的差。因此，蕴含在泰勒规则中的观点为，中央银行希望最小化所观察到的产出对自然产出的偏差。

[2]　在货币政策是否应该对资产价格进行反应的问题上，米什金（Mishkin, 2007）认为一方面因为资产价格泡沫难以鉴别，另一方面因为货币政策对资产价格的影响存在不确定性，因此货币政策制定者不应该将目标钉住任何特定的资产价格水平，而仅仅应在资产价格对通货膨胀、产出水平与经济预期产生影响时，才对资产价格的变化做出反应，即为"逆风而动"的货币政策。具体而言，若经济中出现资产价格膨胀，则中央银行使用提高利率的方式来控制资产价格泡沫，以防止资产价格泡沫破灭带来长期的通货紧缩。在本章，"逆风而动"策略是指中央银行通过调整利率来对股票价格波动进行平抑的货币政策，式（6—4）中的系数 c_4 用于衡量该策略的强弱程度。——译者

票价格的最优水平。

对产出缺口和通货膨胀的预测所遵循的机制与第1章中所描述的选择机制是一样的。在扩展的行为模型中，行为人也必须对未来股息进行预测。这些预测通过式（6—1）来确定股票价格。我们假设股息是名义产出（GDP）固定不变的一部分。由于名义产出由价格和数量组成，因而对通货膨胀和产出的预测也加到了对名义产出的预测上。因此，股票价格的变化 Δs_t 由对通货膨胀和产出的预测所决定。这里我们的预期形成过程与第1章所阐明的预期形成过程相同。然而，我们将继续把关注重点放在产出缺口上，即产出值减去潜在产出的差。这也意味着，我们把 GDP 中的趋势剔除了。因此，股票价格也没有显示出趋势。

此处，我们还要注意一下方法论方面的问题。我们并没有尝试从总需求和总供给方程中去提炼有微观基础的原则。我们在第1章已经解释了该工作比较困难的原因。此处做一下复述：心理学和脑科学的发展表明，我们应当否认有关个体行为人通过利用所有可得信息来使跨期效用函数最大化的假设（Kahneman，2011）。因此，主流宏观经济学模型中的微观基础并不正确。我们大脑运行的方式并不是这样的。遗憾的是，我们并不能充分了解我们大脑运行的方式，也就不能提供令人满意的微观基础。

6.3 对模型的模拟

为了便于比较，我们在对扩展的行为模型进行模拟时，所用的参数与第1章中的相同。与前文一样，三个冲击（需求冲击、供给冲击和利率冲击）是独立同分布的，且标准差为 0.5%。在模拟的第一步中，我们假设中央银行并不打算影响股票价格，即 $c_4 = 0$。我们将在 6.4 节中分析允许中央银行对股票价格变化进行应对的含义。

我们首先在特定的时间域内进行模拟。图 6—1 为模型中产出缺口、动物精神和股票价格的模拟序列图。与第1章一样，我们在图 6—1 中观察到了产出缺口的强周期性波动。我们认为，这些周期性波动的来源是市场中的动物精神（见图 6—1 中的第二幅图），并且乐观主义和悲观主义的外部波动与产出缺口的波动是高度相关的。在一些时期中，悲观主义者占主导，使得产出增长率低于平均水平。这些悲观时期往往出现在乐观时期之后，在乐观时期中乐观的预测趋势占主导且产出增长率高于平均水平。

图 6—1 中的第三幅图为时间域内的股票价格演变。模型中产生了股票的牛市和熊市，这与乐观主义和悲观主义的波动（见图 6—1 中的第二幅图）是相联系的。因此，我们的行为模型能够模拟出股票市场中的泡沫与崩溃。[①]

---

① 值得注意的是，我们这里的泡沫指的并不是理性预期模型中的理性泡沫。实际上，在主流 DSGE 模型中，往往利用横截性条件（transversality conditions）来排除这些理性泡沫。此处，我们指的是与基础价值（underlying fundamentals）相分离的资产价格的发展。它们是在外推预测在市场中占主导时产生的。

产出缺口

动物精神

股票价格

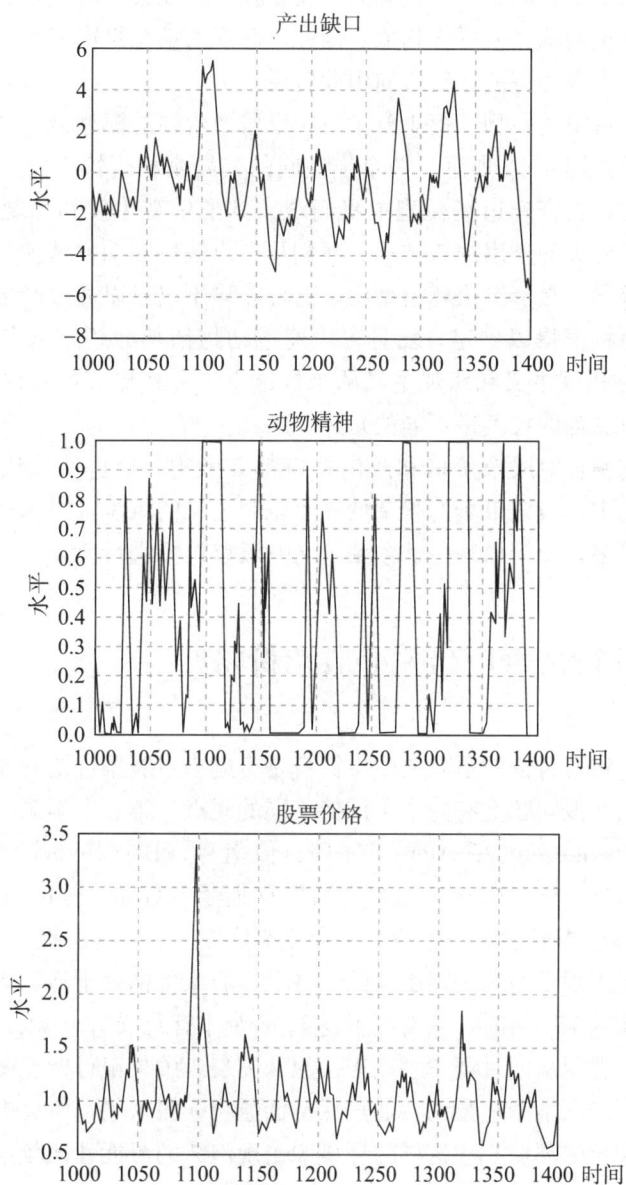

图 6—1 产出缺口、动物精神和股票价格

在第 1 章所描述的自我满足机制中，出现产出和股票价格的外生周期是可能的。一系列的随机冲击会产生这样一种可能性：某一种或两种预测规则（如乐观的预测规则）会导致更高的收益，即更低的预测误差平方均值。这吸引了那些使用悲观主义规则的行为人。"传染效应"（contagion effect）使得更多的人用乐观的信念去预测产出缺口，这又促进了总需求，进而导致了股票的牛市。因此，乐观主义是自我满足的，繁荣就这样产生了。在这种情况下，还存在股票市场和商品市场间的互相影响。这两个市场的繁荣往往倾向于相互强化。在某一时点，负面的随机冲击会降低乐观主义预测的误差平方均值。因此，悲观的信念再次变得有吸引力并且流行。股票市场和宏观经济的运行方向由此转变。

将包含股票价格的模型与第 1 章中不包含股票价格的模型进行动态对比是很有益的。对比结果如图 6—2 所示。两个模型间的差异是相当惊人的。与不存在资产价格的模型相比，在资产市场模型中我们观察到了乐观主义和悲观主义的长期波动，从而导致了更大的产出缺口波动。我们从产出缺口和动物精神的时间序列结果中可以看出该差异。在资产市场模型中，这种差异不仅可以通过产出缺口的频率分布显示出的厚尾特征得以确定，而且可以通过动物精神的频率分布得以确定。由图 6—2可知，在乐观主义和悲观主义两个极端上，存在更高的观测集中度（值得注意的是，这里纵轴的尺度是不同的）。

因此，动物精神对股票价格和产出缺口都有影响。这也就导致相互影响的增强，在相互影响中，股票市场的繁荣增强了乐观主义的意识（安乐感）并由此强化了产出缺口的繁荣，而产出缺口的繁荣则又对股票市场进行反馈。

6.4 中央银行是否应当关心股票价格？

在这一节中将要讨论的是有关中央银行是否应当对股票价格的波动做出回应的问题。事实上，在该问题上有两个学派持不同的观点。第一个学派的观点以伯南克和格特勒（Bernanke and Gertler，2001）、伯南克（Bernanker，2003）、施瓦茨（Schwartz，2002）、宾（Bean，2003）和格林斯潘（Greenspan，2007）为代表，认为中央银行不应当通过利率手段来影响股票价格。该学派所提出的主要观点是：第一，要在事前识别出泡沫是很困难的（并且当股票价格处于泡沫式路径上，即股票价格明显偏离基础价值时，只有对其进行干涉才有意义）。[1] 第二，即便事前可以识别出泡沫，也无法通过利率手段来使泡沫破裂。中央银行所能做的只是在泡沫破裂后减少损失。该学派还强调，通过保持低通货膨胀水平，中央银行可以创造出一个经济平稳增长的环境，在这样的环境中出现泡沫的可能性比较小。[2]

---

[1] 该学派的一种极端观点是，完全否认泡沫的存在。在这一观点中，金融市场是有效的，从而股票价格完全反映了所有可得信息。由于中央银行并没有比市场掌握更多的信息，因而中央银行试着去影响股票价格是没有意义的。

[2] 同样还值得一提的是，反对把资产价格固定在目标水平上的观点认为，资产价格的变化是对通货膨胀率的反应。但是情况并不一定这样。例如，一个正面的产出冲击往往会使总需求和总供给正向移动，但价格水平保持不变。然而，这样的产出冲击却容易引发资产价格的泡沫。

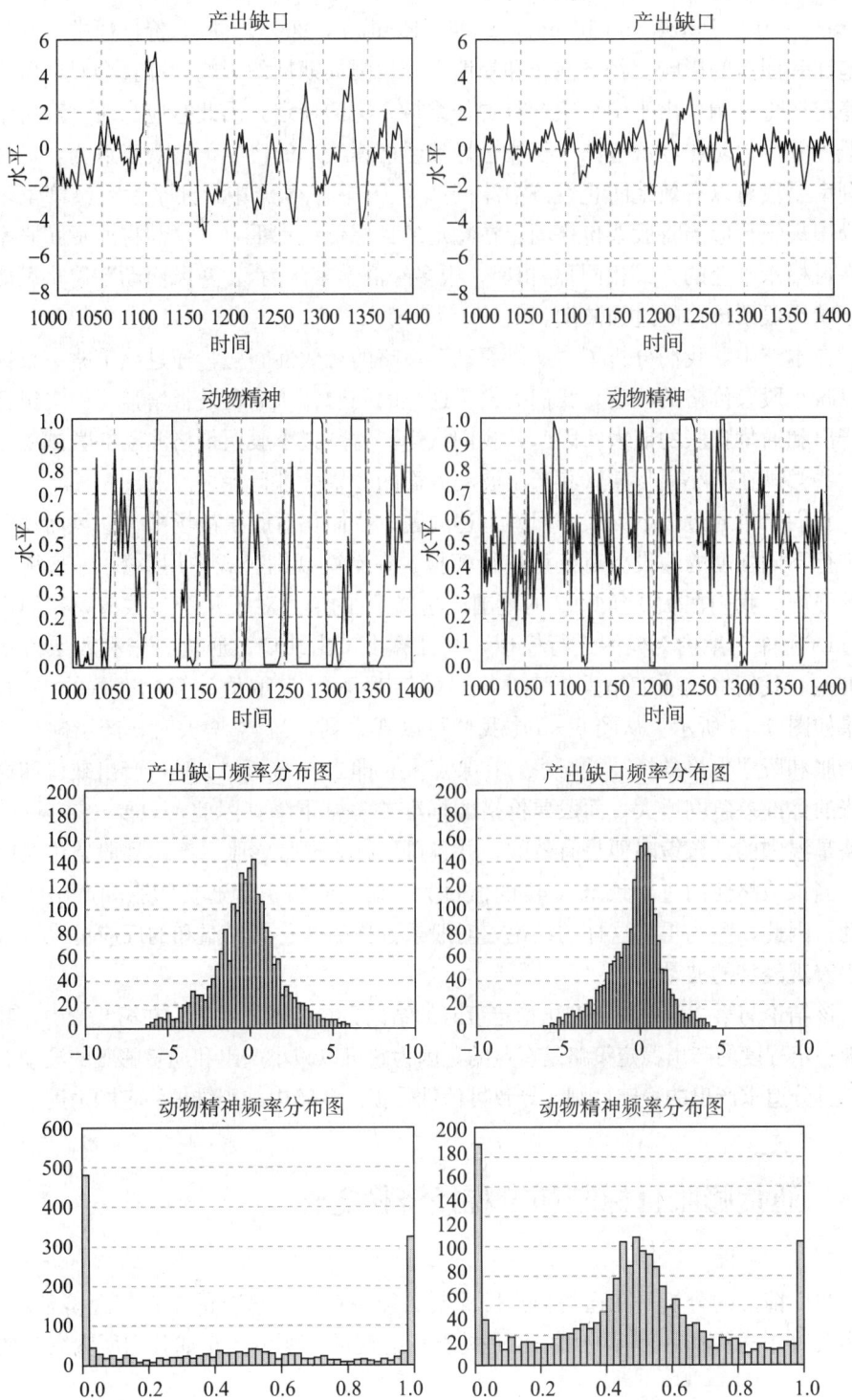

图 6—2　对包含股票价格与不包含股票价格的模型进行比较

第二个学派则持相反的观点（Smets，1997；Cecchetti et al.，2000；Borio and White，2004；Bordo and Jeanne，2002；Roubini，2006）。股票价格通常会受到经济泡沫和崩溃的影响。经济泡沫和崩溃会产生强周期性的影响，并且会对金融市场的稳定产生影响。由于中央银行有责任维持金融的稳定，因此它应当对资产价格进行监控并尽力防止经济泡沫（往往会导致经济崩溃）的产生。该观点认为，通过使用利率手段可以有效地防止经济泡沫的产生。[①] 在该学派中，几乎没有经济学家会认为中央银行应当将股票价格固定在特定的目标价值水平上（这与将通货膨胀率固定在目标水平上的方式相同）。相反，很多经济学家认为，"逆风而动"策略可能有助于减小股票价格的过强波动。

在本节中，我们分析了"逆风而动"策略的有效性问题，通过该策略中央银行可以减小股票价格的波动。我们提出了这样的问题：该策略是否增强了中央银行稳定产出和通货膨胀的能力？因此，我们认为，力图减小股票价格波动的尝试应当通过这些尝试在减小通货膨胀和产出波动方面的效果来进行评估。

我们希望通过以下方式来回答上述问题。我们在对股票市场中"逆风而动"策略进行不同强度的假设下对模型进行模拟，在泰勒规则公式中用系数 c_4 来衡量策略的强度。我们在从 0 到 0.12 的范围内选择 c_4 的值。对于每个参数值，我们都在超过 1 000 个时期内对模型进行模拟，并计算出产出缺口、通货膨胀和股票价格的标准差。我们将该项工作重复 100 次，并针对每个 c_4 取值计算标准差的平均值。结果如图 6—3 所示。从图 6—3 中我们可以观察到，当 c_4 增大时，产出缺口、通货膨胀和股票价格的标准差减小。在某点上，即当 c_4 接近 0.1 时，产出缺口和通货膨胀的标准差急剧增大，而股票价格的标准差急剧下降。因此，只要"逆风而动"策略是温和的，该策略便是有效的，并且可以减小通货膨胀、产出和股票价格的波动。当该策略使用过于频繁（c_4 的值过大）时，它将引起通货膨胀和产出的额外波动。因此，我们得出这样的结论，对股票价格的变化做出温和的反应可以有效地减小宏观经济的波动。

该结论与第 3 章中关于产出稳定策略的结论具有相同的性质。在第 3 章中，我们发现一定程度的产出稳定策略是有益的，因为它可以减小产出和通货膨胀的波动。然而，过分追求产出的稳定性则会导致可信性受损，并暗中减小维护稳定的力度。

6.5 通货膨胀目标制和宏观经济稳定性

我们前面的分析是在通货膨胀目标制的经济环境下进行的，在该经济环境下，行为人对于通货膨胀目标的可信性是持怀疑态度的。所以，正如我们所观察到的那

---

① 值得注意的是，这两个学派都认为中央银行还有其他工具来维持金融的稳定，例如监督和管理。

样，通货膨胀率实际上会偶尔地偏离其既定目标。由此，我们建立了一个并不完全可靠的通货膨胀目标制的模型。

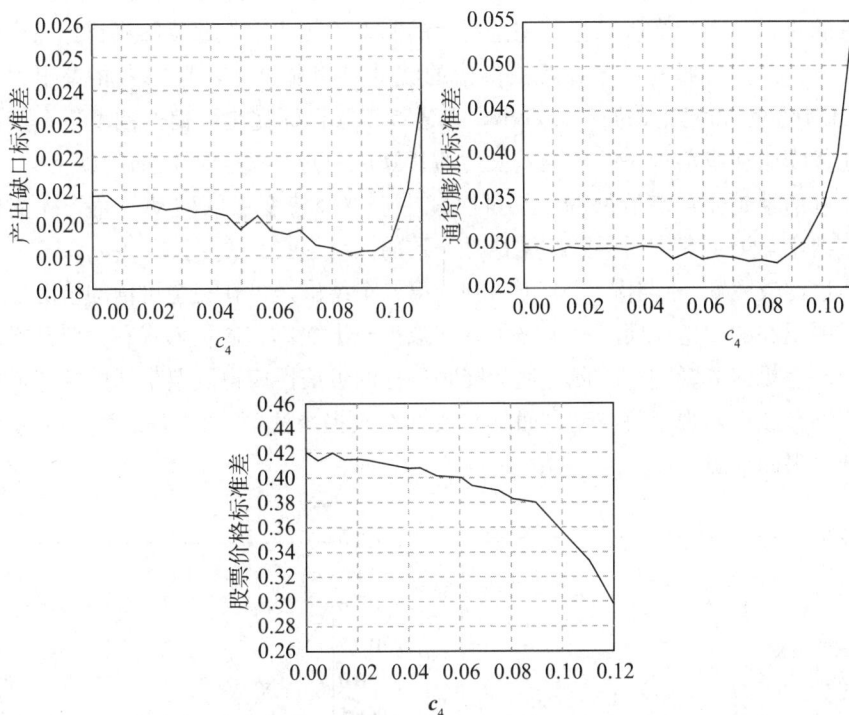

图 6—3　宏观经济波动与"逆风而动"策略

在本节，我们分析了关于通货膨胀目标可信性的两种极端情况。一种是假设其可信性为 100%；另一种则假设可信性为 0。我们考虑这两种极端情况，不是因为这两种情况是现实的，而是为了更好地分析以下问题：可信性程度的不同，对宏观经济稳定性以及货币当局通过股票市场上的"逆风而动"策略来增强稳定性的能力均存在影响。

我们用以下方式来对这两种极端情况建模。在完全可信的情况下，我们假设所有的行为人都认为中央银行宣布的通货膨胀目标 π^* 是完全可信的。他们用该目标值来对未来的通货膨胀进行预测，即 $\tilde{E}_t\pi_{t+1}=\pi^*$。因为所有的行为人都相信这点，所以他们不会转而使用另一种对过去的通货膨胀率进行外推的预测规则（见第 1 章的相关阐述）。

另一种极端的情况也就是通货膨胀率的可信性为 0 的情况。此时，我们建模的方式与前一种情况是对称的。在这种情况下，没有行为人认为公开的通货膨胀目标是可信的，因此所有行为人都是"外推者"[1]。与之前一样，这可以通过 $\tilde{E}_t^{\text{ext}}\pi_{t+1}=\pi_{t-1}$ 来

100

---

① "外推者"指的是使用外推的规则的行为人。——译者

表示。在这种情况下，同样没有行为人会转向使用另一种预测规则。

上述两项工作的结果如图6—4和图6—5所示。首先，我们集中分析图6—4。图6—4表示了在通货膨胀目标可信性为100％的制度下宏观经济波动的程度。值得注意的是，与通货膨胀目标不完全可信的制度下相比，在通货膨胀目标完全可信的制度下，产出、通货膨胀和股票价格的波动要明显更小，且二者相差很大。将图6—4与图6—3相比我们可以看出，在通货膨胀目标完全可信的制度下，产出缺口、通货膨胀和股票价格的标准差仅为通货膨胀目标不完全可信的制度下的一半。因此，可信性是非常有价值的。它可以减小宏观经济变量的波动，而无须支付成本。该结论与第1章中所得到的结论是一致的。

通过比较图6—4与图6—3可得到的第二个结论是，在完全可信的情况下，股票市场中温和的"逆风而动"策略可以在减小产出缺口、通货膨胀和股票价格的波动方面产生更强的影响。因此，通货膨胀目标的可信性使得股票市场中的"逆风而动"策略在减小宏观经济波动方面更有效（再次提醒注意，此处仅考虑 c_4 处于相对较低水平的情况）。

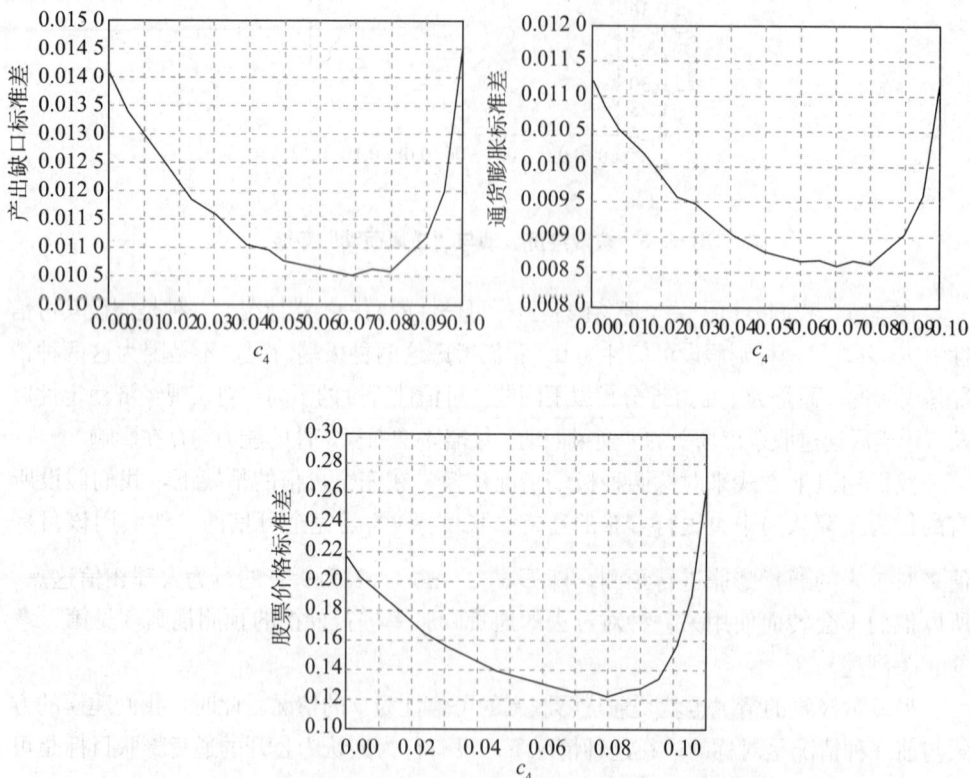

图6—4　在通货膨胀目标可信性为100％时的宏观经济波动

作为实现宏观经济稳定性的一种方式，且作为使股票市场中的"逆风而动"策略成为有效的稳定工具的一种方式，可信性的重要性在图 6—5 所示的结论中得到了强化。结论表明，当通货膨胀目标的可信性为 0 时，产出缺口、通货膨胀和股票价格的波动比 c_4 取任何值时都要大。此外，股票市场中的"逆风而动"策略几乎丧失了稳定产出和通货膨胀的能力（比较图 6—5 与图 6—3）。

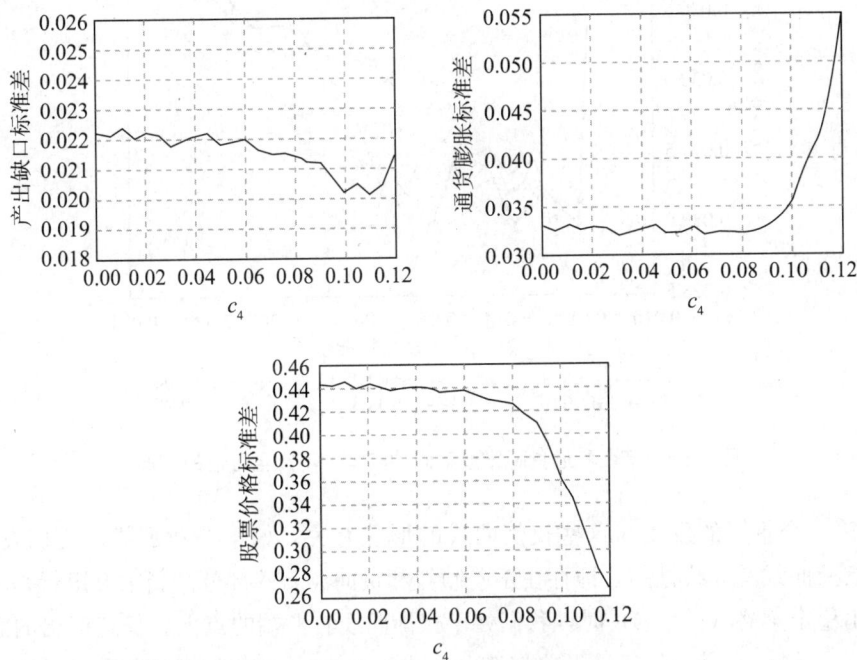

图 6—5　在通货膨胀目标可信性为 0 时的宏观经济波动

6.6　产出和通货膨胀波动间的权衡

另一个评估股票市场中的"逆风而动"策略的方式是，分析该策略如何影响产出和通货膨胀波动性间的权衡。分析的过程如下：首先，我们回到通货膨胀目标不完全可信的制度上来，假设 c_4 在 0 到 0.05 间取值。然后，我们计算产出和通货膨胀波动性间的权衡，计算方法与我们在第 3 章中所用的一样。① 我们在图 6—6 中对结果进行了描述。

102

---

① 也就是说，我们允许泰勒规则中的产出稳定参数（c_2）从 0 增长到 1，并且计算每个值所对应的产出缺口和通货膨胀的标准差。值得注意的是，产出稳定参数的取值要远远大于 c_4。这主要是由于，每单位时间内股票价格的变化是产出缺口变化的倍数。

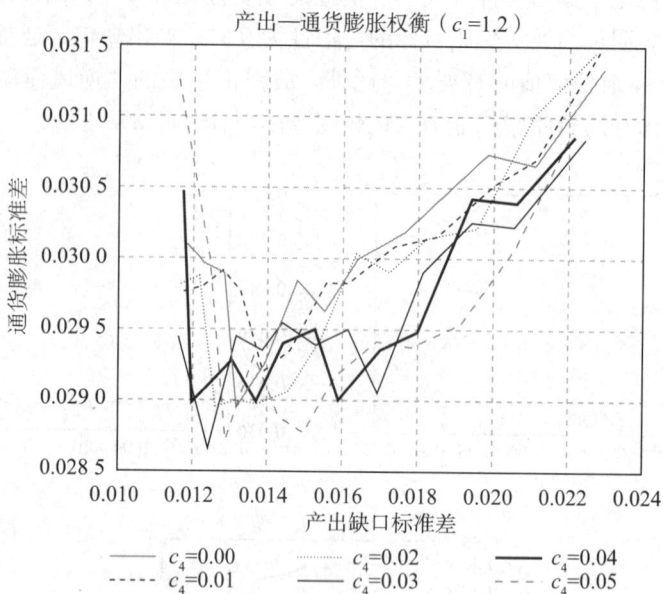

图6—6　产出和通货膨胀波动间的权衡：不完全可信的情况

第一个重要的发现与这些权衡曲线的形状有关。如第3章那样，我们发现，这些权衡曲线是非线性的，即存在正向倾斜和负向倾斜的部分。当中央银行并不关心产出稳定策略（$c_2 = 0$）时，我们处于权衡曲线右上端的点上。稳定产出的意愿增强（c_2增大）会导致经济沿着权衡曲线向下移动。这意味着当中央银行加大力度维护产出稳定时，会减小产出和通货膨胀的波动。然而，在达到某一点之后，随着产出稳定策略的加强（c_2进一步增大），经济进入权衡曲线向上倾斜的部分。从该点起，强度更大的产出稳定策略会导致传统的权衡：通货膨胀波动越大，产出稳定性越强。这是从理性预期模型中得到的标准结果（参见第3章）。在理性预期模型中，任何力图稳定产出的措施都会使得通货膨胀的波动变大。在我们的行为模型中，则不一定会出现这样的情况。产出稳定策略的形式较温和（c_2较小），产出和通货膨胀的波动都会减小。然而，当过分追求稳定产出时，我们又会回到传统的负向倾斜的权衡曲线上，产出稳定策略中的获益会导致通货膨胀的波动加大。因此，在我们的模型中，一定程度的产出稳定策略往往比完全没有产出稳定策略更好。该结论是从我们的模型的结构中推导出来的。当中央银行运用适度的产出稳定策略时，它会降低认知偏差（biased beliefs）和乐观主义、悲观主义的接连波动间的相关性。后者不仅会影响产出波动性，而且会影响通货膨胀波动性。因此，通过减小动物精神的强度，中央银行能同时达到降低产出波动性和通货膨胀波动性的目的。中央银行之所以能这样做，是因为它能够从可信性红利中获利。然而，如果中央银行使用这一措施过于频繁，那么就会损害可信性红利，从而导致常见的负向倾斜的权衡曲线。

从图6—6中的第二个发现与股票市场中的"逆风而动"策略的效果有关。我们发现，股票市场中的"逆风而动"策略的强度加大会使权衡得到改善，即权衡曲线向下移动。因此，"逆风而动"策略同时减小了产出和通货膨胀的波动。然而，值得注意的是，该结论仅在权衡曲线正向倾斜的部分成立。在负向倾斜的部分，其效果并不明显。这表明，在减小产出和通货膨胀的波动方面，"逆风而动"策略与产出稳定策略是一样有效的。这些策略能缩小乐观主义和悲观主义的波动范围，从而在整体上稳定宏观经济。然而，过度使用这些策略会产生通货膨胀偏差（inflationary bias），这使得产出和通货膨胀波动性间的负向权衡得以重建。

与前文一样，我们分析了通货膨胀可信性的重要性。我们假设了两种极端制度，即完全可信和完全不可信两种情况。完全可信的情况如图6—7所示。图6—7证实了之前所得到的结论。例如，在完全可信的情况下的权衡曲线要比不完全可信的情况下的权衡曲线更低（对比图6—7与图6—6）。因此，可信性明显改善了权衡，使得产出和通货膨胀的波动性都降低了。我们还发现，"逆风而动"策略也明显改善了权衡，使产出和通货膨胀的波动性进一步降低。

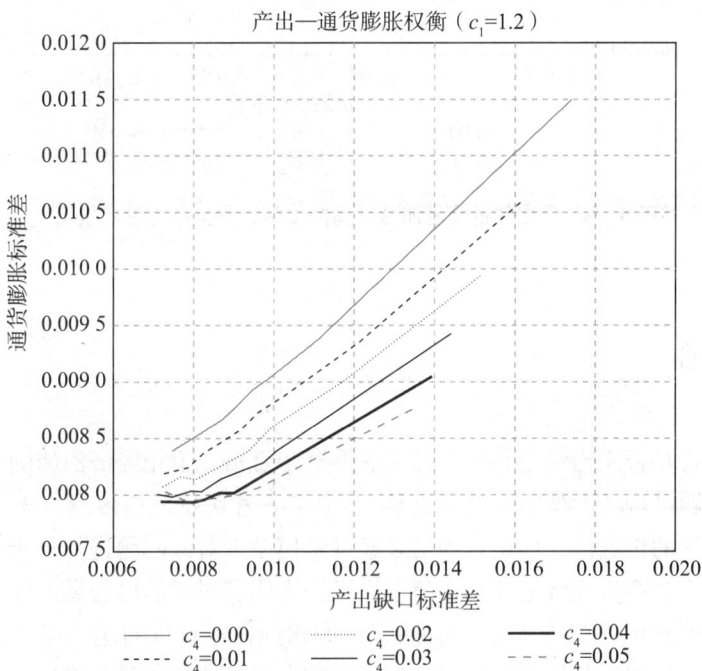

图6—7 产出和通货膨胀波动间的权衡：完全可信的情况

通货膨胀目标的可信性为0的情况如图6—8所示。它与前面图6—6和图6—7的差异很大。权衡曲线的位置比较高，并且权衡曲线正向倾斜的部分消失了。这是由于，当通货膨胀目标完全没有可信性时，行为人很快会通过对较高的通货膨胀率进行外推来惩罚中央银行，此处较高的通货膨胀率是积极的产出稳定政策的结果。我们还可从图6—8推出，"逆风而动"策略并不会对权衡产生明显的影响。因此，当通货膨胀目标制没有可信性时，旨在通过控制利率来减小资产价格波动的政策并不能改善宏观经济的稳定性。

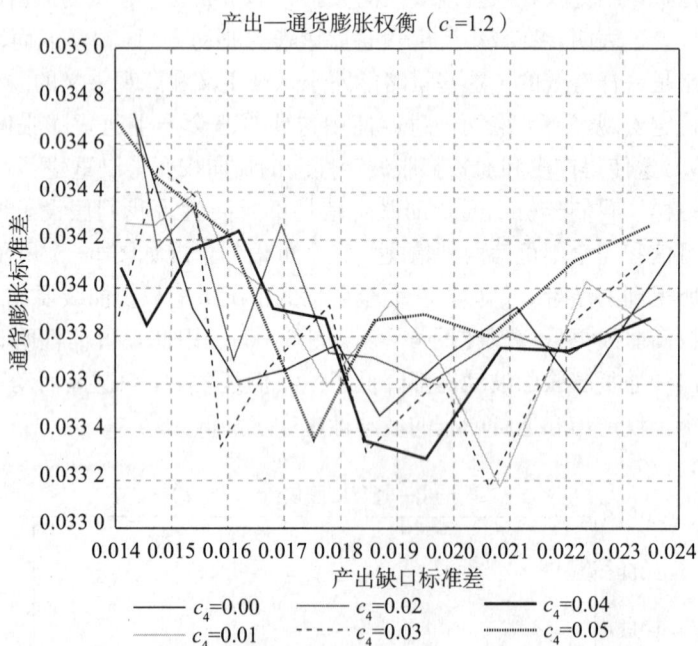

图6—8　产出和通货膨胀波动间的权衡：完全不可信的情况

6.7　结论

中央银行是否应当利用利率工具来影响资产价格并阻止经济泡沫的产生？经济学家对该问题进行了激烈的争论。自从2007年8月信贷危机爆发以来，该问题又再次成为关注的焦点。我们用行为宏观经济学模型来对问题进行分析。行为宏观经济学模型中会产生经济泡沫和崩溃，而经济泡沫和崩溃的出现是因为未来的认知偏差之间是彼此相关联的（动物精神）。正如我们在本章所阐述的那样，股票市场和商品市场上的泡沫与崩溃之间存在相互影响，并且这种相互影响也会提高宏观经济中的产出波动性和通货膨胀波动性。因此，我们便会自然而然地分析这样的问题：中央银行在决定货币政策时是否应当考虑股票价格的波动？

所得的主要结论如下。中央银行能影响股票价格，并且通过股票市场中的"逆风而动"策略来改善产出和通货膨胀间的权衡，即"逆风而动"策略能同时减小产出和通货膨胀的波动性。该策略之所以能实现这一结果，是因为它有助于降低认知偏差与连续发生的经济泡沫和崩溃间的相关性。然而，该结论仅在通货膨胀目标可信的环境下成立。如果通货膨胀目标的可信性高，那么"逆风而动"策略能明显改善宏观经济的稳定性（即产出和通货膨胀的稳定性）。然而，当通货膨胀目标制没有可信性时，旨在通过控制利率来减小资产价格波动的政策并不能改善宏观经济的稳定性。

　　因此，关于股票价格目标化的可取性，前述两个学派的观点如下。正如之前所提及的那样，第一个学派强调价格稳定性的重要性。我们的结论证实了这一观点。同时，我们的结论也证实了第二个学派的观点，即强调中央银行可以且应当试着去影响资产价格，并将其作为最小化宏观经济波动性策略的一部分。

　　现有分析的一个局限性在于，本章仅考虑了使用利率这一种工具来影响通货膨胀、产出和资产价格。然而，现代中央银行还可以使用其他工具来影响资产价格。这些其他的工具包括最低法定存款准备金率（minimum reserve requirements）以及其他影响商业银行贷款能力的工具。[①] 运用其他工具有助于同时增强价格的稳定性和资产价格的稳定性。

---

① 参见德·格洛瓦与格罗斯（De Grauwe and Gros，2009），他们提出了中央银行的两中心（two-pillar）策略。一个中心主要是使用利率将通货膨胀和产出目标化，另一个中心则是使用法定存款准备金率将商业银行的贷款额度目标化。后者往往是资产价格泡沫背后的推动力量（Borio and White，2004）。

第7章 对基本模型的扩展

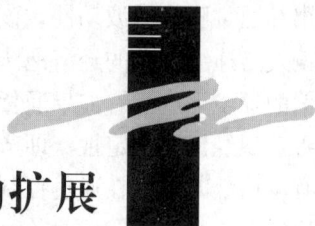

在先前章节中，我们所讨论的行为模型使用了最简单的直觉推断，即预测产出缺口的行为人不是基础分析主义者（fundamentalists），就是外推主义者（extrapolators）。通过使用这些简单的规则，我们能够得到有力的结论。但是，这里出现了一个问题：从行为模型中所得的结论是否与行为人使用的特定规则有关？换句话说，如果行为人使用其他规则，那么我们的结论是相同的还是类似的？这也就是结论的稳健性问题。在行为模型中，结论稳健性是一个基础问题。因为在完全理性的主流模型中只存在理性预期，所以结论稳健性问题并不会出现。一旦我们偏离完全理性，就存在多种偏离方式（Holland and Miller，1991）。

在这一章中，假设行为人在规则间的选择机制与前文相同，我们通过引入其他规则（直觉推断）来分析结论稳健性问题。因而，我们对行为人能够使用的基本规则的种类进行扩展，并分析这些新规则是如何影响结论的。

7.1　有偏的基础分析主义者

行为模型假设基础分析主义者知道产出缺口的均衡值，并使用该信息对产出缺口进行预测。我们现在摒弃这一假设，认为不能观察到均衡产出缺口的基础分析主义者无法确定产出缺口的值。

在这里，将分析暂停，并思考不确定性的含义是十分有益的。在弗兰克·奈特对不确定性的区分（参见第 1 章）中，不确定性具有两种含义。第一种含义是，不确定性是风险的一个方面。在这种含义下，不确定性可以被量化，它使行为人能够对产出缺口历史波动的统计分析做出概率表述（probabilistic statement）。这种含义也是不确定性在主流宏观经济学模型中的含义。在主流宏观经济学模型中，行为人对产出缺口的历史波动进行统计分析，并基于统计信息的连续更新而做出预测。

不确定性的第二种含义是，不确定性不仅不能被量化，而且也不能使行为人做出概率表述。这就是我们在本章将要使用的不确定性的含义。在我们的模型中，行为人将产出缺口的波动看做非正态分布的，并且分布中的厚尾风险过高，以致不确定性不能被量化（参见第 1 章的相关说明）。因此，我们在模型中使用简单的、有偏的直觉推断来估计均衡产出缺口。

我们将使用最简单的形式对直觉推断进行假设。一部分行为人在估计均衡产出缺口时过于乐观，也就是说他们产生了一个乐观偏差（optimistic bias）；另一部分行为人过于悲观，并产生了一个悲观偏差（pessimistic bias）。我们现在来看下列方程。

乐观主义的基础分析的规则（fo）定义为

$$\widetilde{E}_t^{fo} \, y_{t+1} = \alpha \tag{7—1}$$

悲观主义的基础分析的规则（fp）定义为

$$\widetilde{E}_t^{fp} \, y_{t+1} = -\alpha \tag{7—2}$$

其中，α 是一个正常数。

因而，乐观主义者系统性地高估了均衡产出缺口，而悲观主义者系统性地低估了它。我们在这里假设这种偏差是对称的。

我们同样有外推的规则，它被定义为

$$\widetilde{E}_t^{e} \, y_{t+1} = y_{t-1} \tag{7—3}$$

因此，我们得到了一个拥有三种规则的模型。

与前文相同，我们需要假设一个选择机制，使得行为人可以在三种规则中选择。与第 1 章类似，这意味着行为人要计算出使用这些规则的表现（效用）。

使用乐观主义的基础分析的规则的预测表现为

$$U_{\text{fo},t} = -\sum_{k=0}^{\infty} \omega_k \left[y_{t-k-1} - \widetilde{E}_{\text{fo},t-k-2}\, y_{t-k-1} \right]^2$$

使用悲观主义的基础分析的规则的预测表现为

$$U_{\text{fp},t} = -\sum_{k=0}^{\infty} \omega_k \left[y_{t-k-1} - \widetilde{E}_{\text{fp},t-k-2}\, y_{t-k-1} \right]^2$$

使用外推的规则的预测表现为

$$U_{\text{e},t} = -\sum_{k=0}^{\infty} \omega_k \left[y_{t-k-1} - \widetilde{E}_{\text{e},t-k-2}\, y_{t-k-1} \right]^2$$

109 现在，使用三种规则的概率为

$$\alpha_{\text{fo},t} = \frac{\exp\left(\gamma\, U_{\text{fo},t}\right)}{\exp(\gamma\, U_{\text{fo},t}) + \exp(\gamma\, U_{\text{fp},t}) + \exp\left(\gamma\, U_{\text{e},t}\right)} \tag{7—4}$$

$$\alpha_{\text{fp},t} = \frac{\exp\left(\gamma\, U_{\text{fp},t}\right)}{\exp(\gamma\, U_{\text{fo},t}) + \exp(\gamma\, U_{\text{fp},t}) + \exp\left(\gamma\, U_{\text{e},t}\right)} \tag{7—5}$$

$$\alpha_{\text{e},t} = \frac{\exp\left(\gamma\, U_{\text{e},t}\right)}{\exp(\gamma\, U_{\text{fo},t}) + \exp(\gamma\, U_{\text{fp},t})\, \exp\left(\gamma\, U_{\text{e},t}\right)} \tag{7—6}$$

因此，我们现在拥有三种规则，而不是两种规则，行为人可以在这三种规则中选择具有最优表现的一个。

110 在时间域上，我们的扩展模型在模拟时与第 1 章使用了相同的校准值。图 7—1 上半部分呈现了产出缺口的波动。与从第 1 章中两行为人模型[①]得到的波动相比，我们在这里获得的产出缺口的波动更显著，滞后特征（protracted）更明显。这与动物精神（乐观主义与悲观主义的波动）更加显著的事实有关。我们现在重新定义动物精神：动物精神是乐观的基础分析主义者与乐观的外推者[②]的比例之和——二者会互相增强，从而导致更强烈的乐观主义与悲观主义的波动。

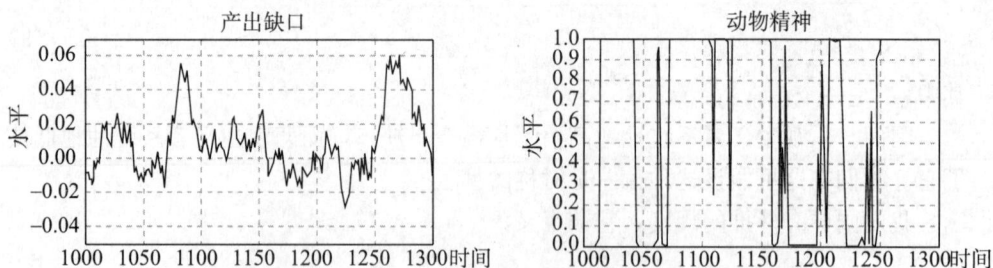

图 7—1　三行为人模型中的产出缺口和动物精神

---

① 三行为人指的是经济中存在三类行为人，他们在预测产出缺口时分别选择乐观主义的基础分析的规则、悲观主义的基础分析的规则和外推的规则。相对应地，第 1 章中介绍的基础模型也可以被称为两行为人模型。——译者

② 这里乐观的外推者是指使用正的外推的规则的行为人。——译者

　　为了说明产出缺口波动的性质，我们还给出了产出缺口与动物精神的频率分布（见图 7—2）。与基础模型不同，此时产出缺口波动的厚尾特征更为显著。其原因是动物精神的观察值在 0（极端悲观主义）与 1（极端乐观主义）附近有更高的集中度。因而，估计均衡产出缺口时偏差（乐观主义偏差与悲观主义偏差）的存在，以及外推者的存在，都加大了乐观主义与悲观主义的波动，从而导致产出缺口的波动进一步偏离正态分布，其偏离程度更甚于第 1 章中的简单两行为人模型。

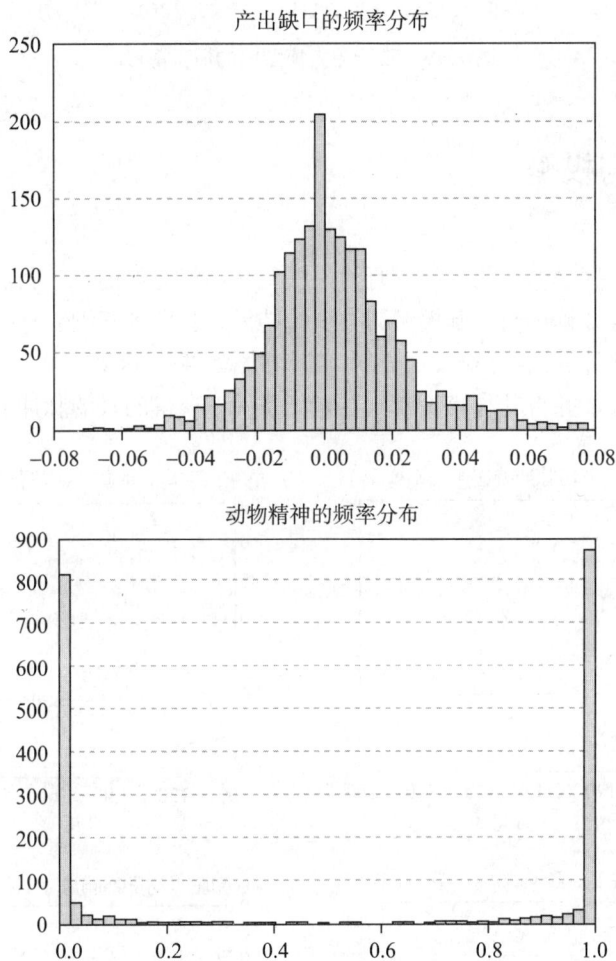

图 7—2　产出缺口与动物精神的频率分布

　　我们在通货膨胀方面获得的结果与第 1 章十分相似。根据图 7—3，我们在通货膨胀的波动中观察到了周期性的平静（大繁荣）。在这些周期中，通货膨胀非常接近中央银行设定的通货膨胀目标（在 ±1％ 的水平上）。但是，通货膨胀也会突然地在本质上偏离其目标。但仅当通货膨胀外推者占领市场时，这种情况才会发生。在模型中，偏离总是暂时的，因为中央银行会在通货膨胀水平上升时提高利率，反之亦然。

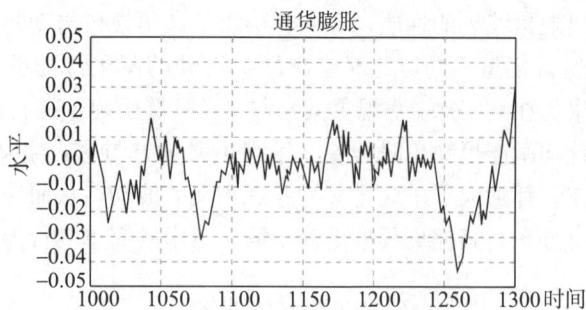

图7—3　三行为人模型中的通货膨胀

7.2　冲击与权衡

当受到外生扰动时，我们的三行为人模型是如何运作的呢？我们现在就来分析
112 这个问题，并且计算出与基础模型同类型的结果。我们令模型受到一个正向生产力
冲击的影响，并计算出产出缺口与通货膨胀的脉冲响应函数。在图7—4中，我们
展示了模拟结果，并将其与第1章（在相同条件下获得的）的脉冲响应进行比较。

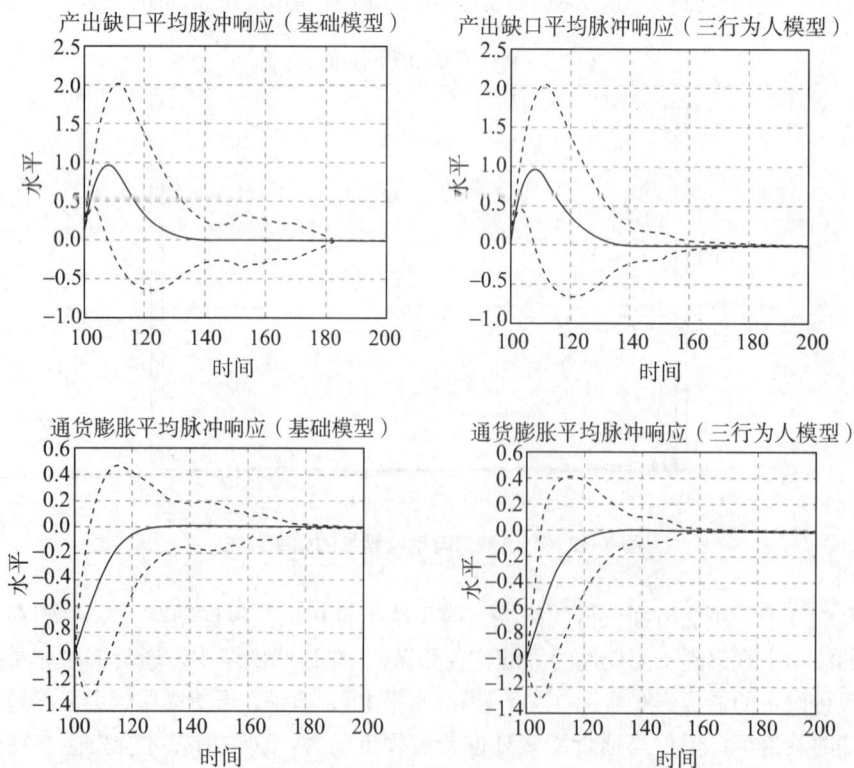

图7—4　生产力冲击下，产出缺口与通货膨胀的脉冲响应

从整体上看，在基础模型中与在三行为人模型中得到的脉冲响应非常相似。在两个模型中，生产力冲击使产出缺口增大而使通货膨胀率降低。在两种情况下，生产力冲击在经济中的传递中都存在不确定性。我们在第 2 章中对该特征进行了讨论。这是由于模型对初始条件十分敏感。对于相同的冲击来说，不同的初始条件（市场情绪）会对它们在经济中的传递产生影响。我们将图 7—4 中左右两组图进行对比，发现在三行为人模型中的不确定性比基础模型中的更显著。其原因是：相比于基础模型，三行为人模型能够产生更强的乐观主义与悲观主义波动，因而导致对正态性更大幅度的偏离。

最后，我们还要使用与第 3 章相同的方法计算三行为人模型中的权衡。[1] 我们发现，与基础模型相同，三行为人模型中的权衡曲线也是非线性的。权衡曲线在一定范围内具有正斜率，在该区间中，中央银行能够通过稳定产出来同时提高通货膨胀与产出的稳定性。但是，在达到某一临界点后，这一结论不再适用。过度的产出稳定性将使权衡曲线的斜率变为负，任何试图稳定产出的努力都会导致更高的通货膨胀波动性。一旦泰勒产出参数值高于 0.5（这是一个粗略的估计），就会达到临界点。一般而言，当比较图 7—5 所示的权衡曲线与第 3 章的权衡曲线时，我们会发现三行为人模型中权衡曲线的非线性更加显著。

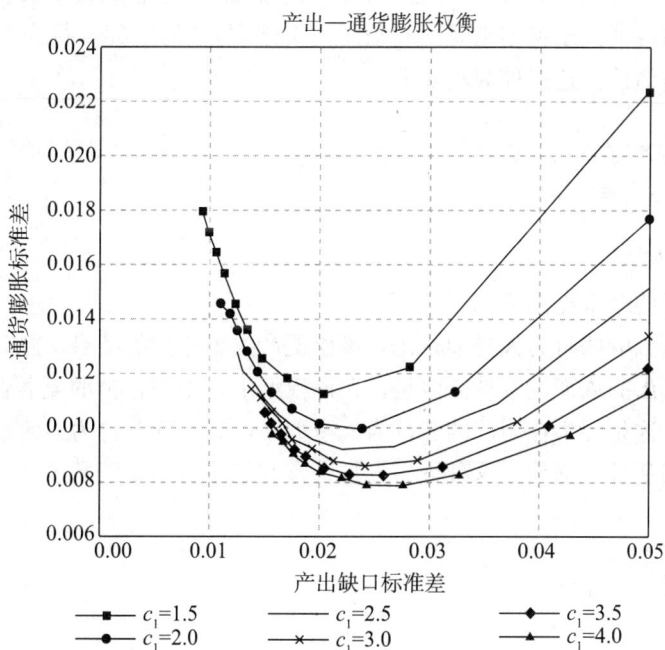

图 7—5　通货膨胀波动性与产出波动性之间的权衡

---

[1]　这里的权衡在图中以曲线形式表示，为了避免混淆，在讨论曲线移动的时候称其为权衡曲线，在阐述权衡关系的时候称其为权衡，即权衡与权衡曲线同义。——译者

从基础模型的结果中我们得知，当中央银行对通货膨胀的反应更强烈时，权衡曲线下移。这意味着在基础行为模型中，中央银行能够通过使通货膨胀接近其目标同时达到降低通货膨胀与产出波动性的目的。

因而，在丰富简单的预测规则的意义上，对模型的所有扩展都保持了行为模型结果的稳健性。事实上，这种扩展在各个方面都加大了行为模型对主流理性预期模型的偏离。它加大了产出缺口波动分布对正态分布的偏离，主要原因是三行为人模型加大了动物精神的波动。从外生冲击在经济中传递的角度上来说，三行为人模型还有创造更大的不确定性的效应，并在无须保持通货膨胀目标制的可信性的前提下，为产出稳定性提供了更大的空间。

7.3　对基础模型的进一步扩展

一旦允许不同预测规则的出现，我们的模型就存在许多种扩展方式。在这一节中，我们展示了另外一个方向的拓展结果。在先前的模型中，我们假设行为人使用外推的规则。我们现在放弃这个假设，并认为所有行为人都使用基础分析的规则。现在考虑三种（基础分析的）规则：乐观的、悲观的与中性的。因而，一部分行为人使用有偏的规则（乐观主义规则或悲观主义规则），另一部分行为人对均衡产出缺口进行无偏估计。这三种规则如下：

$$\widetilde{E}_t^{fo} y_{t+1} = \alpha$$

$$\widetilde{E}_t^{fp} y_{t+1} = -\alpha$$

$$\widetilde{E}_t^{n} y_{t+1} = 0$$

这种模型扩展的结果见图 7—6 与图 7—7。

与之前基础的两行为人模型相比，该模型产生了相似的结果，此时动物精神仍然能够驱动产出的周期性波动。但是，在该模型中，动物精神的显著性比 7.1 节中的模型要低。这是因为在当前的三行为人模型中，有一部分行为人使用了对均衡产出缺口的无偏估计。当然，这种行为人是否存在就是另一个问题了。

7.4　结论

在这一章中，我们丰富了行为人进行预测时所使用规则的种类。与先前的章节相比，我们保持了相同的规则选择结构。我们发现，先前的章节的大多数结果在扩展模型中都得以保留。

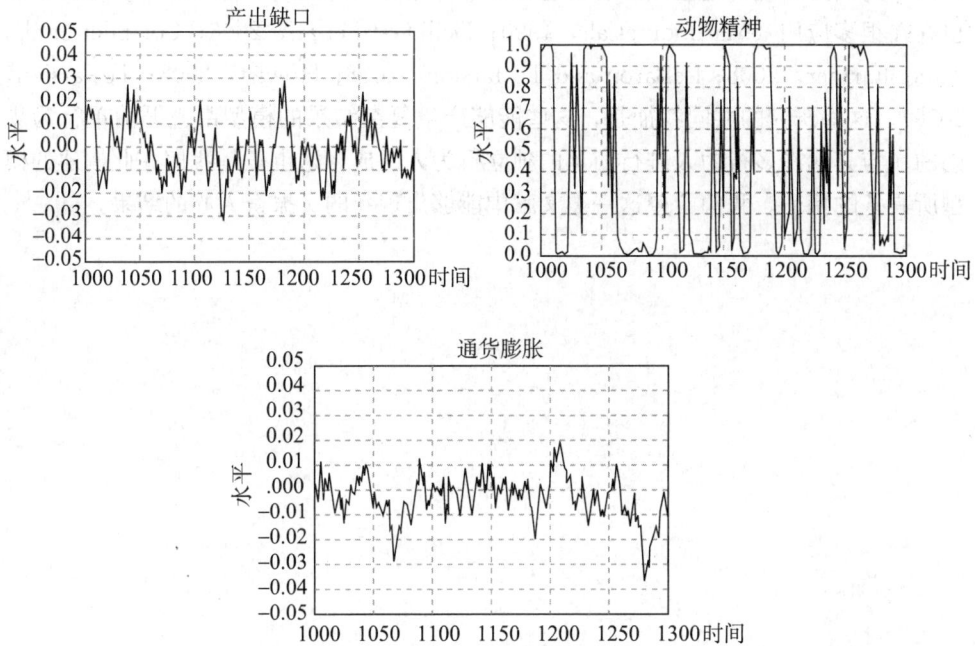

图 7—6　产出缺口、动物精神与通货膨胀

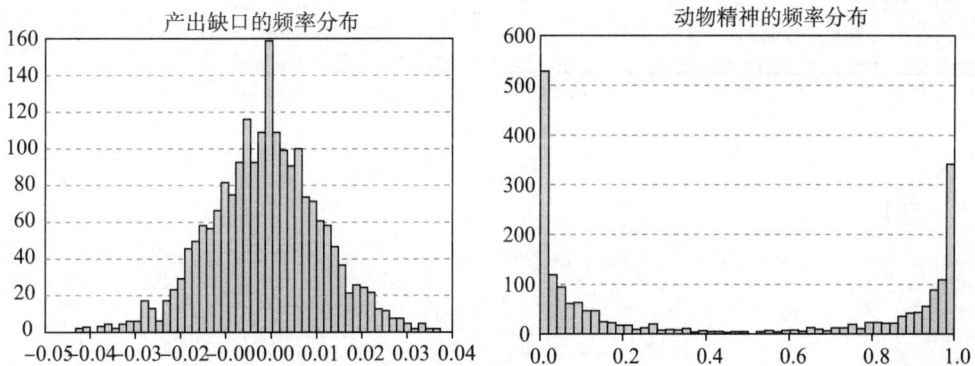

图 7—7　产出缺口与动物精神的频率分布

　　当然，我们可以对行为人可能使用的直觉推断规则继续进行扩展。一些扩展也确实是十分必要的。例如，人们需要知道当规则数目非常多的时候，模型的稳健性如何。还有，我们系统性地展示了行为人在给定规则中进行选择的情况，但是，行为人也可能创造新规则并亲身实践。这里没有对这种情况进行说明，它是未来研究的一个方向。这样一种扩展也能够说明，经典模型中的均衡概念是不容易维持的。

　　值得一提的是，关于多个行为人使用大量直觉推断的行为人模型（agent-based model）已经开始出现。谢林（Schelling，1969）与阿克斯罗德（Axelrod，

116

1997）的早先研究对这些文献有着重要影响。谢林与阿克斯罗德的研究在经济学中也存在很多应用（Marimon et al.，1990；Delli Gatti et al.，2006；Colander et al.，2008；Farmer，2008；LeBaron and Tesfatsion，2008；Howitt，2008；Tesfatsion，2006）。这些研究的共同特征是，这些能够产生复杂结果的模型由遵循简单行为规则的、与其他许多行为人进行交互的独立行为人组成。这也正是我们在此构建的模型所具备的特征。我们希望这一类文献中能够出现新的、振奋人心的结果。

第8章 实证问题

8.1 引言

一个理论模型只有在经过某些实证检验之后才能令人信服。这一点对于本书所讨论的行为模型来说，也同样适用。宏观经济学中的一个重要问题是：如何为模型设计一个可靠的实证检验？通过计量经济学的检验，在宏观经济学历史中出现的各种模型或者被认为是成功的，或者被认为是需要弥补缺陷的。

宏观经济学中的实证检验传统是，估计一个能够体现理论模型的计量经济学模型，并随后对给定的外生变量进行动态模拟。对拟合度的测量是研究者决定理论模型实证有效性时的依据。

但是，这种实证检验方式现在受到了严厉的抨击。首先，这种方式不能免于卢卡斯批判（Lucas critique）。结构模型的估计参数在不同政策机制下并不相同（Lucas，1976）。其次，在对一个小规模模型（例如对本书中所介绍的模型）进行检验的过程中，很可能遇到缺失变量或不完全动态（incomplete dynamic）的问题。这些问题都会导致模型的错误设定。一些研究者试图将在误差项中加入自回归过程作为应对错误设定的简单方式。我们已经论证过，在当前的某些 DSGE 模型中确实存在错误设定的问题。但是，这种加入自回归过程的改进方式并没有吸引力，主要原因在于该方式不能让人们判断模型是否被数据拒绝（Juselius and Franchi，2007）。因此，我们不再做这种尝试。

我们将使用一种间接推断的方式，也就是说，我们关注理论模型的预测结果，并且让预测结果接受数据的挑战。当然，在一开始就必须强调，不确定性依然在行为模型的实证有效性中起主导作用。

我们将行为模型的主要预测结果列举如下：

（1）产出波动与乐观主义、悲观主义之间存在相关性，也就是说，当市场情绪是乐观主义（悲观主义）时，产出就会上升（下降）。

（2）产出缺口不服从正态分布，并且显示出厚尾特征。

（3）利率升高导致产出与通货膨胀水平的暂时下降（这与其他模型的结论相同）。但是，这种影响是取决于市场情绪且独立于时间的。对于不同时间出现的冲击，脉冲响应也是不同的。

现在，我们要使用实证证据来检验以上三个预测是否能被确认。

8.2　产出波动与动物精神的相关性

动物精神，也就是说，乐观主义与悲观主义波动，在先前的章节的行为模型中起到了核心作用。这里产生了一些问题。第一个问题是：动物精神的理论概念是否存在对应的实证概念？答案是肯定的，并且它存在于日常的宏观经济学分析中。许多国家使用基于调查的消费者情绪和（或）经济情绪（business sentiment）指数作为分析经济周期的工具和预测工具。

在美国，最广为人知的情绪指数是自 20 世纪 50 年代起就被使用的密歇根消费者信心指数（Michigan Consumer Confidence indicator）。最早关于消费者信息的测度是由乔治·卡托纳（George Katona）在 20 世纪 40 年代末创建的（Katona，1951）。从那时开始，大量类似的指数在不同国家中被计算出来（Ludvigon，2004；Curtin，2007）。代表性地，情绪指数是基于个体对当前与未来的经济条件的认知情况而构造的。因而，这些调查产生了两种指数，一种与当前的经济条件有关，另一种与未来的经济条件有关。在此只着重讨论后者，因为后者更接近于本书所讨论的前向（forward looking）乐观主义与悲观主义的概念。这些问题的结构通常表现为个体在好的、坏的和中性的离散选项间进行选择。一个来自密歇根指数的例子是其调查问卷的问题："你认为在未来的 12 个月内，我们将经历好的金融时期

还是坏的金融时期？或者你的答案是不确定的？［好的/不确定/坏的］。"通过计算
"好时期"与"坏时期"之间的分歧，答案被转化成一个指数（见图 8—1）。

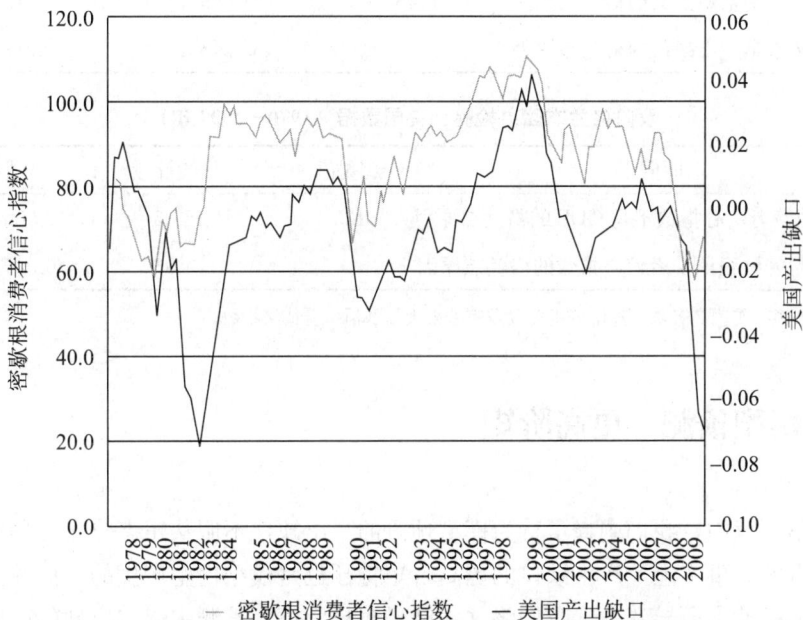

图 8—1 美国产出缺口与密歇根消费者信心指数

在本节中，问题被强调为在何种程度上，这些情绪指数与我们的行为宏观经济
学模型一致？图 8—1 显示了密歇根消费者信心指数与美国产出缺口（季度数据）
的变动趋势。密歇根消费者信心指数与产出缺口间的相关波动是十分显著的。二者
的相关系数达到了 0.6。值得注意的是，在第 1 章的模拟结果中，产出缺口与乐观
主义者的比例之间的相关系数约为 0.85。实际中观察到的相关系数更小，因为基于
调查的情绪指数中与产出缺口中都存在许多噪声。

理论模型中，相关性的一个典型特征是，因果关系是双向的，也就是说，动物
精神影响产出，并且产出也对动物精神存在反作用。对于行为模型中模拟的产出缺
口与乐观主义者的比例，我们通过对二者进行格兰杰因果检验来阐述这一点（见
表 8—1）。我们不能拒绝动物精神是产出缺口的格兰杰原因这一假设，也不能拒绝
产出缺口是动物精神的格兰杰原因这一假设。我们能在观察到的 GDP 增长率与密
歇根消费者信心指数之间发现相似的结构吗？答案在表 8—2 中。我们不能拒绝密
歇根消费者信心指数是美国产出缺口的格兰杰原因这一假设，也不能拒绝美国产出
缺口是密歇根消费者信心指数的格兰杰原因这一假设。科廷（Curtin，2007）证明
在超过 50 个国家的样本中，大多数国家的消费者信心指数与 GDP 增长（或其他经
济周期的代理变量）之间都存在双向的因果关系。

表 8—1   双向格兰杰因果检验：行为模型

原假设	观测值	F 统计量	概率
产出缺口不是乐观主义的格兰杰原因	1948	31.099 0	5.1E-14
乐观主义不是产出缺口的格兰杰原因		32.855 3	9.3E-15

表 8—2   双向格兰杰因果检验：美国数据（1970—2009 年）

原假设	观测值	F 统计量	概率
密歇根消费者信心指数不是 GDP 的格兰杰原因	123	15.83	0.000 01
GDP 不是密歇根消费者信心指数的格兰杰原因		4.83	0.009 6

资料来源：美国商务部、经济分析署以及密歇根大学的消费者情绪指数。

8.3 模型预测：更高阶矩

在第 1 章中，我们阐释了行为模型预测的产出缺口不服从正态分布并呈现厚尾特征的事实。事实上，产出缺口的更高阶矩特征也是模型内生产生的，而并不是经济中的随机冲击所导致的。我们将这一结果解释为模型预测中偶尔出现的产出极端波动是内生动态的结果。在第 1 章中，我们已经将预测与美国的数据进行了比较，并确认了美国第二次世界大战后的产出缺口不服从正态分布的事实。在这一节中，我们考虑其他国家，即英国和德国。不幸的是，这里的样本区间更短，仅仅开始于1990 年。为了达到比较的目的，我们也展示了同一时期美国的数据。结果见图 8—2—图 8—4，它们确认了我们之前发现的结论。在这些国家中，产出缺口不服从正态分布（参见偏度—峰度检验，它拒绝了正态性假设），并且都显示出厚尾特征。后者意味着产出缺口偶尔会出现大的变动（large changes）——如果产出缺口服从正态分布，那么我们就不会观察到这些大的变动。

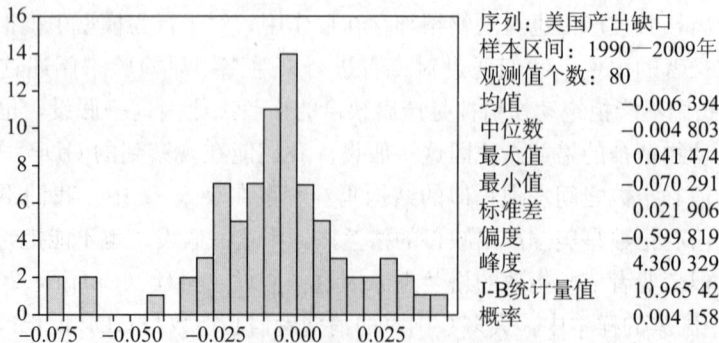

序列：美国产出缺口	
样本区间：1990—2009年	
观测值个数：80	
均值	-0.006 394
中位数	-0.004 803
最大值	0.041 474
最小值	-0.070 291
标准差	0.021 906
偏度	-0.599 819
峰度	4.360 329
J-B统计量值	10.965 42
概率	0.004 158

图 8—2 美国产出缺口的频率分布

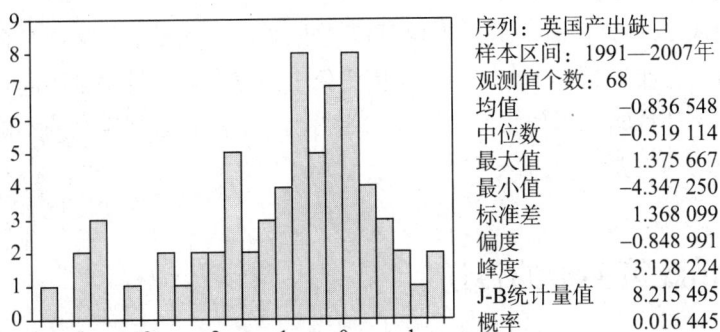

序列：英国产出缺口	
样本区间：1991—2007年	
观测值个数：68	
均值	−0.836 548
中位数	−0.519 114
最大值	1.375 667
最小值	−4.347 250
标准差	1.368 099
偏度	−0.848 991
峰度	3.128 224
J-B统计量值	8.215 495
概率	0.016 445

图 8—3　英国产出缺口的频率分布

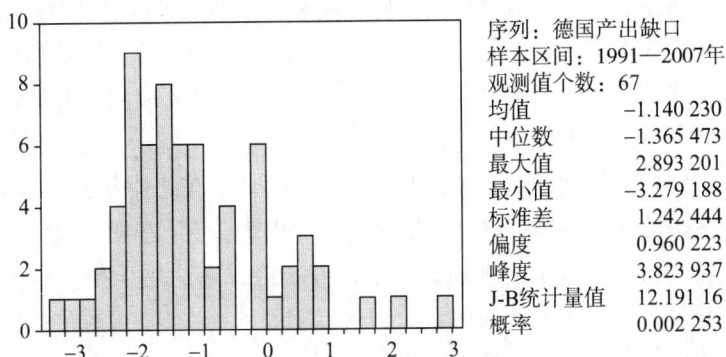

序列：德国产出缺口	
样本区间：1991—2007年	
观测值个数：67	
均值	−1.140 230
中位数	−1.365 473
最大值	2.893 201
最小值	−3.279 188
标准差	1.242 444
偏度	0.960 223
峰度	3.823 937
J-B统计量值	12.191 16
概率	0.002 253

图 8—4　德国产出缺口的频率分布

　　人们可能会反对"在产出缺口中观察到的大波动是大外生冲击的结果"的观点。换句话说，（DSGE 模型中暗示的）宏观经济学不能产生大（非正态分布）的冲击，因而在产出缺口中观察到的大波动应当来源于模型外部，图 8—2—图 8—4 中显示的证据也与该观点一致。也就是说，在 DSGE 模型中，产出缺口的大幅波动是大外生冲击的结果。

　　这里所提出的不是"经济不会偶尔受到大冲击的影响"这一观点，而是"如果一个理论认为产出的大波动仅仅由外生冲击导致，那么它并不是一个强有力的理论"这一观点。对于在产出缺口中观察到的大繁荣与大萧条，我们需要寻找新的外生解释。[①] 也就是说，对于每一个大繁荣或大萧条而言，需要一种新的解释。现有理论不具备很强的解释力。我们的模型认为这些大繁荣与大萧条产生于模型内部，

121

122

----

　　① 对于该方法的一个说明，参见法维罗（Favero，2001）。法维罗发现在美国经济的 VAR 模型中存在许多异常值，并将其解释为外生冲击（例如，石油冲击）的结果。他在模型中加入了许多虚拟变量，误差项服从正态分布。

因而，我们的模型是更有力的。

根据图8—2—图8—4，我们发现不仅产出缺口的分布存在厚尾，而且不同国家产出缺口的分布形状也十分不同。正因为每个国家的观察结果都不同，我们才能得到肯定的统计推断。正如我们在第1章所指出的那样，奈特定义的不确定性是宏观经济学波动的重要驱动力。

8.4 货币政策冲击的传递

西姆斯（Sims，1980）的开创性贡献对宏观经济学的实证检验具有很大影响（Favero，2001）。他的基础观点是，理论模型对政策冲击的效应进行预测，并且这些预测要经过数据的检验。从具体的实施方法来说，我们可以通过对宏观经济变量与政策变量构建VAR模型来达到这一目的。就我们的模型来说，我们可以构建一个关于通货膨胀、产出缺口与利率的VAR模型。该VAR模型能够估计通货膨胀与产出缺口对利率冲击的脉冲响应。这里的脉冲响应是来源于实际数据的，我们将其与理论模型中预测的脉冲响应进行对比。重要的是，在这种方法中，实证的脉冲响应与理论无关。在实践中，这并不容易做到，因为VAR中的参数约束必须能够识别脉冲响应。因此，这里必须加上一个条件：该方法适用于很多种类的理论模型。乔里斯基分解（Choleski decomposition）（Favero，2001）通常被认为是最独立于理论的约束集合。

另外一个流行的约束集合是由布兰查德与奎恩（Blanchard and Quah，1990）提出的，其在理论的视角下对需求冲击与供给冲击的长期效应施加约束。他们认为，需求冲击（如货币冲击）仅仅具有短期效应。布兰查德—奎恩约束（Blanchard-Quah restrictions）的问题在于它们排除了一类模型的先验，这种先验允许多重均衡的发生。在这些模型中，需求冲击具有永久的效应。

现在，我们将行为模型中所得的脉冲响应与实证中所得的脉冲响应进行比较。首先，我们使用美国数据估计一个三变量（产出、通货膨胀与利率）VAR模型，并进行乔里斯基分解（按通货膨胀、产出、利率的顺序）。其次，我们计算产出对短期利率（联邦基金利率）正向冲击的脉冲响应。行为模型的主要预测之一就是脉冲响应受冲击发生时间的影响。通过计算不同样本期间的脉冲响应，我们检验了该预测的实证稳定性。从1972年开始，我们计算了30年的样本期间，并一个月一个月地向后推移起点。对于每一个样本期，我们计算了产出对联邦基金利率上升的短期响应，这里的短期应指利率上升之后一年的响应。图8—5呈现了这些短期响应的频率分布。对于相同的政策冲击，我们发现其短期响应的范围是相当宽泛的（对于利率的1个标准差的冲击，范围为−0.2%～−0.7%）。另外，我们发现这些产出响应的分布是非正态的。偏度—峰度检验拒绝了正态性假设。我们在第 1、2 章中强调了该特征使得个体行为人难以对政策冲击的可能效应做出统计推断。整体而言，实证结果证实了行为模型的理论预测，也就是说，冲击发生的时间十分重要，它影响着相同政策冲击在经济中的传递。

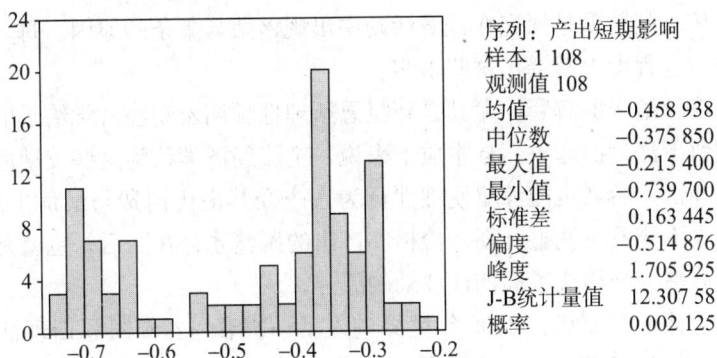

序列：产出短期影响	
样本 1 108	
观测值 108	
均值	−0.458 938
中位数	−0.375 850
最大值	−0.215 400
最小值	−0.739 700
标准差	0.163 445
偏度	−0.514 876
峰度	1.705 925
J-B统计量值	12.307 58
概率	0.002 125

图 8—5　产出对联邦基金利率冲击的短期响应的频率分布

正如产出缺口的分布不具备正态性一样，我们必须承认，货币政策冲击的短期产出效应的非正态分布与 DSGE 模型并不矛盾。在模型框架内，本章提供的证据可以解释为政策机制变化的结果。从著名的卢卡斯批判（Lucas，1976）出发，政策机制的变化改变了标准需求方程与供给方程中的结构参数，并因此改变了政策冲击的传递（脉冲响应）。在这种解释下，"在相同时期内，政策机制会发生不同变化"的观点，与货币政策冲击的短期产出效应的非正态分布证据是一致的。政策机制的不同变化是这些效应不服从正态分布的原因。

在此，我们要再次对相同的实证证据予以完全不同的解释（通常不在经济中使用的解释）。本章的观点是：行为模型给予的解释比 DSGE 模型给予的解释更具一般性。在 DSGE 框架下，理论模型认为，在给定政策机制的前提下，一个政策冲击总是具有相同的效应。在含有噪声的数据中，这些冲击的估计效应应当是服从正态分布的。如果我们观察到了非正态性，那么它的源头应该在模型之外。在这种情况下，通常是政策环境的外生变化。因而，对于每一个关于正态性的偏离来说，DSGE 模型必须调用一个发生在模型之外的特殊项。因为对预测正态性的偏离往往被归因于特殊的环境，所以这样的模型是不具备预测力的。相反地，在我们的行为模型中，政策冲击效应的非正态性并不是对规则的偏离，而是来源于规则本身。

综上所述，行为模型的预测经得起数据的检验。当然，这并不意味着本节所讨论的实证检验可以是任何形式的检验，它们必须被看做初步检验（preliminary test）。在将行为模型提高至主流宏观经济学模型的替代理论的道路上，还需要更多的实证检验。

8.5 结论

一开始，繁荣与萧条就被贴上了资本主义（capitalism）的标签。因此，宏观经济学中的核心问题就是探究在经济活动中出现繁荣与萧条的原因。每一种经济学理论都能在一定程度上解释了这些事实。

主流经济学给予的解释，尤其是新凯恩斯理性预期宏观经济学给予的解释，并没有给人们留下深刻的印象。从本质上来说，主流经济学认为这些波动应被归因于大幅的外生冲击。后者也能够驱使理性行为人改变其最优消费与最优生产的计划，但由于行为人不能及时调整计划，价格和产出的调整才存在滞后。也就是说，外部冲击与缓慢调整一同构成了周期性波动的原因。

因而，为什么在2008—2009年世界进入了一次衰退？新凯恩斯理性预期模型的建模者认为，2007年，一个大的外部冲击在经济中出现，风险厌恶程度突然地、未被预期到地提高了。这种在风险感知上的变化就像一场飓风一样，席卷了整个经济并导致了一场严重的衰退。在这个意义上，主流宏观经济学发展了经济周期的"飓风理论"（hurricane theory）。

主流经济学的失败在于它没有提供繁荣与萧条的内生解释，即当前的萧条是之前繁荣的结果，以及当前的繁荣是之前萧条的结果。这说明主流宏观经济学的基础范式还存在扩展的空间。主流经济学的基础范式的行为主体是一个不会犯系统错误的、完全信息的、效用最大化的行为人。大繁荣或大萧条只能由大的外部冲击导致，这些理性的行为人随后才对其进行反应。

正如在前文中所论证的那样，我们需要发展出另外一种宏观经济学理论来对经济周期提供内生解释。本书所介绍的行为模型使我们能够更好地理解宏观经济学领域的最新进展。2008—2009年的"大衰退"并不是外生冲击的结果，而是2008年之前过度的乐观主义的后果。过度的乐观主义导致了不可持续的消费与投资。当反转出现时，悲观主义在经济中流行并导致严重的衰退。

本书介绍的行为模型是以理性的扩展概念为基础的。在主流宏观经济学中，行为人被狭隘地定义为不存在认知局限，追求效用最大化，因此，他们能够处理复杂的最优化问题与信息过程。本书中，行为模型的起点是行为人的认知能力有限。这一局限驱使他们使用简单的规则（直觉推断）。此时的理性是指行为人出于提高预测表现的目的，在学习中改变预测规则的意愿。因而，放弃主流宏观经济学中的狭隘的理性概念并不意味着我们的模型是非理性的（这里的非理性指的是一切都有可能发生）。

参考文献

Adjemian, S., M. Darracq Pariès, and S. Moyen. 2007. Optimal monetary policy in an estimated DSGE-model for the euro area. Working Paper 803, European Central Bank.

Akerlof, G., and R. Shiller. 2009. *Animal Spirits. How Human Psychology Drives the Economy and Why It Matters for Global Capitalism*. Princeton University Press.

Anderson, S., A. de Palma, and J. -F. Thisse. 1992. *Discrete Choice Theory of Product Differentiation*. Cambridge, MA: MIT Press.

Anufriev, M., T. Assenza, C. Hommes, and D. Massaro. 2009. Interest rate roles and macroeconomic stability under heterogeneous expectations. CeNDEF, University of Amsterdam.

Axelrod, R. 1997. *The Complexity of Cooperation: Agent-Based Models of Competition and Collaboration*. Princeton University Press.

Azariadis, C. 1981. Self-fulfilling prophecies. *Journal of Economic Theory* 25: 380 – 396.

Azariadis, C., and R. Guesnerie. 1986. Sunspots and cycles. *Review of Economic Studies* 53: 725 – 738.

Ball, L., G. Mankiw, and R. Reis. 2005. Monetary policy for inattentive economies. *Journal of Monetary Economics* 52: 703 – 725.

Bean, C. 2003. Asset prices, financial imbalances and monetary policy: are inflation targets enough? In *Asset Prices and Monetary Policy* (ed. S. Richards and A. Robinson). Proceedings of a Conference, Reserve Bank of Australia.

Benhabib, J., and R. E. A. Farmer. 1994. Indeterminacy and increasing returns. *Journal of Economic Theory* 63: 19 - 46.

Bemanke, B. 2003. Monetary policy and the stock market. Public Lecture, London School of Economics, October 9.

Bemanke, B., and M. Gertler. 1995. Inside the black box: the credit channel of monetary transmission. *Journal of Economic Perspectives* 9 (Fall): 27 - 48.

Bemanke, B., and M. Gertler. 2001. Should central banks respond to movements in asset prices. *American Economic Review* May, pp. 253 - 257.

Binder, M., and M. H. Pesaran. 1996. Multivariate rational expectations models and macroeconomic modeling: a review and some results. In *Handbook of Applied Econometrics: Macroeconomics* (ed. M. H. Pesaran and M. Wickens). Amsterdam: North-Holland.

Blanchard, O., and S. Fischer. 1989. *Lectures on Macroeconomics*. Cambridge, MA: MIT Press.

Blanchard, O. J., and D. Quah. 1990. The dynamic effects of aggregate demand and supply disturbances. NBER Working Paper Series 2737.

Bordo, M., and O. Jeanne. 2002. Monetary policy and asset prices. *International Finance* 5: 139 - 164.

Borio, C., and W. White. 2004. Whither monetary and financial stability? The implications of evolving policy regimes. BIS Working Paper 147.

Branch, W., and G. Evans. 2006. Intrinsic heterogeneity in expectation formation. *Journal of Economic Theory* 127: 264 - 295.

———. 2007. Model uncertainty and endogenous volatility. *Review of Economic Dynamics* 10: 207 - 237.

Branch, W., and G. Evans. 2011. Monetary policy with heterogeneous expectations. *Economic Theory* 47: 365 - 393.

Branch, W. A., and B. McGough. 2008. Replicator dynamics in a Cobweb model with rationally heterogeneous expectations. *Journal of Economic Behavior and Organization* 65 (2): 224 - 244.

Brazier, A., R. Harrison, M. King, and T. Yates. 2008. The danger of inflating expectations of macroeconomic stability: heuristic switching in an overlapping generations monetary model. *International Journal of Central Banking* 32: 2428 - 2452.

Brealy, R., and S. Myers. 1984. *Principles of Corporate Finance*, 2nd edn. McGraw-Hill.

Brock, W., and C. Hommes. 1997. A rational route to randomness. *Econometrica* 65: 1059 – 1095.

Bullard, J., and K. Mitra. 2002. Learning about monetary policy rules. *Journal of Monetary Economics* 49: 1105 – 1129.

Burda, M., and C. Wyplosz. 2009. *Macroeconomics. A European Text*, 5th edn. Oxford University Press.

Calvo, G. 1983. Staggered prices in a utility maximizing framework. *Journal of Monetary Economics* 12 (3): 383 – 398.

Camerer, C., and D. Lovallo. 1999. Overconfidence and excess entry: an experimental approach. *American Economic Review* 89: 306 – 318.

Camerer, C., G. Loewenstein, and D. Prelec. 2005. Neuroeconomics: how neuroscience can inform economics. *Journal of Economic Literature*, 63 (1): 9 – 64.

Cecchetti, S., H. Genberg, J. Lipsky, and S. Wadhwani. 2000. Asset prices and central bank policy. *Geneva Reports on the World Economy*, vol. 2. International Center for Monetary and Banking Studies, Geneva, and CEPR, London.

Chari, V., P. Kehoe, and E. McGrattan. 2009. New Keynesian models: not yet useful for policy analysis. *American Economic Journal: Macroeconomics* 1 (1): 242 – 266.

Christiano, L., M. Eichenbaum, and C. Evans. 2001. Nominal rigidities and the dynamic effects of a shock to monetary policy. NBER Working Paper 8403.

Christiano, L., R. Motto, and M. Rostagno. 2007. Shocks, structures or monetary policies. Working Paper 774, European Central Bank.

Clarida, R., J. Gali, and M. Gertler. 1999. The science of monetary policy, a new Keynesian perspective. *Journal of Economic Literature* 37: 1661 – 1707.

Colander, D., P. Howitt, A. Kirman, A. Leijonhufvud, and P. Mehrling. 2008. Beyond DSGE-models: toward an empirically based macroeconomics. *American Economic Review, Papers and Proceedings* 98: 236 – 240.

Curtin, R. 2007. Consumer sentiment surveys: worldwide review and assessment. *Journal of Business Cycle Measurement and Analysis*, pp. 1 – 37.

Damasio, A. 2003. *Looking for Spinoza, Joy, Sorrow and the Feeling Brain*. Orlando, FL: Harcourt.

Dawkins, R. 2009. *The Greatest Show on Earth. The Evidence for Evolution*. Simon and Schuster.

De Grauwe, P., and M. Grimaldi. 2006. *The Exchange Rate in a Behavioral Fi-*

nance Framework. Princeton University Press.

De Grauwe, P., and D. Gros. 2009. A new two-pillar strategy for the ECB. CEPS Policy Briefs, Brussels.

Della Vigna, S. 2007. Psychology and economics: evidence from the field. NBER Working Paper 13420.

Delli Gatti, D., C. Di Guilmi, E. Gaffeo, G. Giuloni, M. Gallegati, and A. Palestrini. 2005. A new approach to business fluctuations: heterogenous interacting agents, scaling laws and financial fragility. *Journal of Economic Behavior and Organization* 56: 489 – 512.

De Long, J., B. Bradford, A. Shleifer, and L. Summers. 1990. Noise trader risk in financial markets. *Journal of Political Economy* 98: 703 – 738.

Duffy, J. 2007. Agent-based models and human subject experiments. In *Handbook of Computational Economics*, vol. 2, ed. L. Tesfatsion and K. L. Judd. Amsterdam: North-Holland.

Evans, G., and S. Honkapohja. 2001. *Learning and Expectations in Macroeconomics*. Princeton University Press.

Evans, G., S. Honkapohja, and P. Romer. 1998. Growth cycles. *American Economic Review* 88: 495 – 515.

Farmer, R. E. A. 2006. Animal spirits. In *Palgrave Dictionary of Economics*. London: Macmillan.

Fagiolo, G., M. Napoletano, and A. Roventini. 2008. Are output growth rate distributions fat-tailed: evidence for OECD countries. *Journal of Applied Econometrics* 23: 639 – 669.

Fagiolo, G., M. Napoletano, M. Piazza, and A. Roventini. 2009. Detrending and the distributional properties of U. S. output time series. *Economics Bulletin* 29: 4.

Farmer, R. E. A. (ed.) 2008. *Macroeconomics in the Small and in the Large*. Edward Elgar.

Favero, C. 2001. *Applied Macroeconomics*. New York: Wiley.

Farmer, R. E. A., and J. -T. Guo. 1994. Real business cycles and the animal spirits hypothesis. *Journal of Economic Theory* 63: 42 – 73.

Gabaix, X., D. Laibson, G. Moloche, and S. Weinberg. 2006. Costly information acquisition: experimental analysis of a boundedly rational model. *American Economic Review* 96: 1043 – 1068.

Galí, J. 2008. *Monetary Policy, Inflation and the Business Cycle*. Princeton University Press.

Gaspar, V., F. Smets, and D. Vestin. 2006. Adaptive learning, persistence and optimal monetary policy. Working Paper Series 644, European Central Bank.

Gigerenzer, G., and P. M. Todd. 1999. *Simple Heuristics That Make Us Smart*. New York: Oxford University Press.

Goodhart, C., and B. Hoffmann. 2004. Deflation, credit and asset prices. Working Paper, Financial Market Group, London School of Economics.

Goodwin, R. 1951. The nonlinear accelerator and the persistence of business cycles. *Econometrica* 19: 1 - 17.

Greenspan, A. 2007. *The Age of Turbulence: Adventures in a New World*. London: Penguin. Hayek, F. 1945. The use of knowledge in society. *American Economic Review* 35: 519 - 530.

Hicks, J. R. 1950. *A Contribution to the Theory of the Trade Cycle*. Oxford University Press. Holland, J. H., and J. H. Miller. 1991. Artificial adaptive agents in economic theory. *American Economic Review* 81: 365 - 371.

Howitt, P. 2008. Macroeconomics with intelligent autonomous agents. In *Macroeconomics in the Small and the Large: Essays on Microfoundations, Macroeconornic Applications and Economic History in Honor of Axel Leijonhufvud*, ed. R. Farmer. Cheltenham: Edward Elgar.

Howitt, P., and R. P. McAfee. 1992. Animal spirits. *American Economic Review* 82: 493 - 507.

Juselius, K., and M. Franchi. 2007. Taking a DSGE-model to the data meaningfully, the open access, open-assessment e-journal, Kiel Institute.

Kahneman, D. 2002 Maps of bounded rationality: a perspective on intuitive judgment and choice. Nobel Prize Lecture, December 8, Stockholm.

——. 2011. *Thinking, Fast and Slow*. London: Allen Lane.

Kahneman, D., and R. Thaler. 2006. Utility maximization and experienced utility. *Journal of Economic Perspectives* 20: 221 - 234.

Kahneman, D., and A. Tversky. 1973. Prospect theory: an analysis of decisions under risk. *Econornetrica* 47: 313 - 327.

Katona, G. 1951. *Psychological Analysis of Economic Behavior*. New York: McGraw-Hill.

Keynes, J. M. 1936. *The General Theory of Employment, Interest and Money*. London: Macmillan.

Kindleberger, C. 2000. *Manias, Panics and Crashes. A History of Financial Crises*, 5th edn. Wiley

Kirchgässner, G. 2008. *Homo Oeconomicus: The Economic Model of Behaviour and Its Applications to Economics and Other Social Sciences*. New York: Springer.

Kirman, A. 1992. Ants, rationality and recruitment. *Quarterly Journal of Economics* 108: 137 – 156.

Knight, F. 1921. *Risk, Uncertainty and Profits*. Boston, MA: Houghton Mifflin.

Kurz, M. 1994. On rational belief equilibria. *Economic Theory* 4: 859 – 876.

Kurz, M., and M. Motolese. 2011. Diverse beliefs and time variability of risk premia. *Economic Theory* 4: 877 – 900.

Kydland, F., and E. C. Prescott. 1982. Time to build and aggregate fluctuations. *Econometrica* 50: 1345 – 1370.

LeBaron, B., and L. Tesfatsion. 2008. Modeling macroeconomies as open-ended dynamic systems of interacting agents. *American Economic Review* 98: 246 – 250.

Leijonhufvud, A. 1993. Towards a not-too-rational macroeconomics. *Southern Economic Journal* 60 (1): 1 – 13.

Lucas, R. 1976. Econometric policy evaluation: a critique. *Carnegie-Rochester Conference Series on Public Policy* 1: 19 – 46.

Ludvigson, S. 2004. Consumer confidence and consumer spending. *Journal of Economic Perspectives* 18 (2): 29 – 50.

Mankiw, N. G., and R. Reis. 2002. Sticky information versus sticky prices: a proposal to replace the new Keynesian Phillips curve. *Quarterly Journal of Economics* 117: 1295 – 1328.

Marimon, R., E. McGratten, and T. Sargent. 1990. Money as a medium of exchange in an economy with artificially intelligent agents. *Journal of Economic Dynamics and Control* 14: 329 – 373.

McCallum, B. 2005. Michael Woodford's *Interest and Prices*: a review article. Carnegie Mellon, Unpublished.

Milani, F. 2007a. Learning and time-varying macroeconomic volatility. Mimeo, University of California, Irvine.

——. 2007b. Expectations, learning and macroeconomic persistence. *Journal of Monetary Economics* 54: 2065 – 2082.

Minford, P., and D. Peel. 1983. *Rational Expectations and the New Macroeconomics*. Oxford University Press.

Minsky, H. 1986. *Stabilizing an Unstable Economy*. New York: McGraw-Hill.

Orphanides, A., and J. Williams. 2004. Robust monetary policy with imperfect information. Board of Governors of the Federal Reserve System.

Pfajfar, D., and B. Zakelj. 2009. Experimental evidence on inflation expectation formation. Working Paper, Tilburg University.

Romer, D. 2005. *Advanced Macroeconomics*, 3rd edn. McGraw-Hill-Irwin.

Roubini, N. 2006. Why central banks should burst bubbles. Mimeo, Stern School of Business, NYU.

Sargent, T. 1993. *Bounded Rationality in Macroeconomics*. Oxford University Press.

Schelling, T. 1969. Models of segregation. *The American Economic Review* 59: 488 – 493.

Schwartz, A. 2002. Asset price inflation and monetary policy. NBER Working Paper 9321.

Shell, K. 1977. Monnaie et allocation intertemporelle. CNRS S6minaire Roy-Malinvaud, Pads. (Title and abstract in French, text in English.)

Sims, C. 1980. Macroeconomics and reality. *Econometrica*, pp. 1 – 48.

Smets, F. 1997. Financial asset prices and monetary policy: theory and evidence. BIS Working Paper 47.

Smets, F., and R. Wouters. 2003. An estimated dynamic stochastic general equilibrium model. *Journal of the European Economic Association* 1: 1123 – 1175.

——. 2007. Shocks and frictions in US business cycles. Working Paper 722, European Central Bank.

Solow, R. 2005. How did economics get that way and what way did it get? *Daedalus* 134 (4): 87 – 101.

Sutton, R., and A. Barto. 1998. *Reinforcement Learning. An Introduction*. Cambridge, MA: MIT Press.

Svensson, L. 1997. Inflation forecast targeting: implementing and monitoring inflation targets. *European Economic Review* 41: 111 – 146.

Taylor, J. 1993. Discretion versus policy rules in practice. *Carnegie-Rochester Conference Series on Public Policy* 39: 195 – 214.

Tesfatsion, L. 2006. Agent-based computational economics: a constructive approach to economic theory. In *Handbook of Computational Economics*, vol. 2: *Agent-Based Computational Economics*, ed. L. Tesfatsion and K. L. Judd, pp. 831 – 880. Handbooks in Economics Series. Amsterdam: North-Holland/Elsevier.

Thaler, R. 1994. *Quasi Rational Economics*. New York: Russell Sage Foundation.

Tversky, A., and D. Kahneman. 1981. The framing of decisions and the psychology of choice. *Science* 211: 453 – 458.

Walsh, C. 2003. *Monetary Theory and Policy*. Cambridge, MA: MIT Press.

Wieland，V.，T. Cwik，G. J. Müller，S. Schmidt，and M. Wolters. 2009. A new comparative approach to macroeoonomic modeling and policy analysis. House of Finance，Goethe University of Frankfurt.

Woodford，M. 2003. *Interest and Prices：Foundations of a Theory of Monetary Policy*. Princeton University Press.

——2009. Convergence in macroeconomics：elements of the new synthesis. *American Economic Journal：Macroeconomics* 1（1）：267 - 297.

索引①

---

① 索引部分标注的是英文原书的页码。——译者

第1章

Schelling 谢林

第 8 章

Curtin 科廷

Favero 法维罗

George Katona 乔治·卡托纳

Knight 奈特

Quah 奎恩

Sims 西姆斯

词汇表（补充）①

① 标注的是英文原书的页码。——译者

第2章

第3章

第4章

第5章

第6章